MÜNSTERSCHWARZACHER KLEINSCHRIFTEN

herausgegeben
von Mönchen der Abtei Münsterschwarzach

Band 4

Pirmin Hugger OSB

Meine Seele, preise den Herrn

Gotteslob als Lebenssinn

VIER-TÜRME-VERLAG MÜNSTERSCHWARZACH
1979

Pirmin Hugger OSB

Meine Seele, preise den Herrn

Gotteslob als Lebenssinn

VIER-TÜRME-VERLAG MÜNSTERSCHWARZACH
1979

CIP-Kurztitelaufnahme der Deutschen Bibliothek
Hugger, Pirmin:
Meine Seele, preise den Herrn: Gotteslob als Lebenssinn / Pirmin Hugger. –
Münsterschwarzach: Vier-Türme-Verlag, 1979.
(Münsterschwarzacher Kleinschriften; Bd. 4)
ISBN 3-87868-107-0

Gesamtherstellung: Vier-Türme-Verlag, D-8711 Münsterschwarzach

ISSN 0171-6360
ISBN 3-87868-107-0

INHALT

DIE STECHFLIEGE

Wer ihn sucht, der wird ihn finden,
und wer ihn findet, der wird ihn preisen.
(Augustinus, Bekenntnisse I, 1)

Der Sinn

Da war ein Mann, weise und gerecht, der ein Leben damit zubrachte, mit nachdenklichen Fragen seine Zeitgenossen außer Atem zu setzen. Diese nämlich genossen ihre Zeit auf die gleiche Weise wie die heutigen: mit zweckvollem Tun wie mit gedankenlosem Nichtstun. Wenn ihnen aber außer dem Nützlichen und Erhabenen gar nichts mehr einfiel, so schlugen sie die Zeit kurzerhand tot, womit für sie die Frage nach dem etwaigen Sinn ihrer Lebenszeit erledigt war.

Dieser Mann also, der inmitten einer spießerigen Gesellschaft leben mußte und ihres geschäftigen Zeitvertrödelns müde wurde, schlug aber bemerkenswerterweise seine Lebenszeit gerade nicht tot mittels sinne- und seelebetäubender Wichtigkeiten, sondern saß ruhig in der Sonne „und starrte Löcher in die Luft", wie seine Freunde scherzten. Er starrte, weil er suchte, und er suchte, weil er noch nicht gefunden hatte. Doch als er gefunden hatte, da drängte es ihn, auch seine Zeitgenossen suchen und finden zu lassen, und er ließ nicht von ihnen, bis auch sie in die Unruhe des Suchens versetzt waren. Die wenigsten fanden, was er gefunden, und so blieb er für sie zeitlebens „die Stechfliege", deren man sich schließlich im Jahre 399 v. Chr. entledigte.

Dieser Mann nämlich, der gerecht und gottesfürchtig sein Leben verbracht hatte, wurde von Staats wegen der Gottlosigkeit verklagt und durch den bekannten Giftbecher beseitigt. Daß er „Sokrates" hieß und im Lexikon nunmehr als Philosoph geführt wird, ist weniger wichtig als das, was seinen Charakter unsterblich machen sollte: daß man ihn „die Stechfliege von Athen" nannte.

Denn dieser Mann ist ein Bild dessen, was unser Jahrhundert mit vernichtender Treffsicherheit einholt, wie es ihm zu entfliehen versucht: die menschgewordene Frage nach dem Sinn des Daseins.

Undenkbar, daß ein denkendes Geschöpf nicht früher oder später dieser Frage begegnet und ihr ausgesetzt bleibt wie einer wiederkehrenden Stechfliege – möge es diese auch vorübergehend abzuwehren verstehen –, sie läßt sich immer neu auf der Nase der Naseweisen nieder und sticht und zwickt sie, die über die letzten Dinge mit einer Selbstsicherheit und Selbstgefälligkeit zu reden verstehen, daß selbst die Sophisten Athens noch staunen würden, könnten sie sich einmal vor unsere Television setzen. Von einer Vision des *Menschlichen* ist da weithin wenig zu sehen.

Der Sinn des Lebens also. Lange genug haben wir uns den Luxus erlaubt, das Nachdenken darüber beiseite zu schieben, sei es durch technische und militärische Wettläufe, sei es durch wohltätige oder eigennützige Gschaftelhuberei oder auch nur durch immer schnellere Autofahrten auf immer besseren Autobahnen. Allein im sogenannten „Osterverkehr" starben 1979 auf Deutschlands Straßen 144 Menschen. Auf der Suche nach Sinn? Auf der Flucht vor ihm?

Seit Sokrates hat sich nur wenig geändert in dieser fundamentalen Sache, und selbst Christen nehmen das Beispiel Christi kaum wahr, der (uns allen vorneweg) den Sinn seines Lebens gefunden und erfüllt hatte. In der Wüste am Jordan und auf den Hügeln am See – dort hat er gesucht und gefunden, gefunden und gepriesen:

Vater, ich habe dich verherrlicht auf Erden. Denn ich vollbrachte das Werk, das du mir aufgetragen hast. (Joh. 17,4)

Selig, wer so sterben darf! Und selig, wer ein Leben lang mit ihm und in ihm den Sinn seines Daseins suchte. Denn wer so sich und seinen Sinn gefunden, der preist auch das Leben, und Gott, der seines Lebens Leben ist.

Der Mensch findet sich dort, wo jener Sinn an seinem Leben sich entfaltet, den Gott zu seinem „Namen" hinzugedacht hat. „Was der Mensch ist, ist er durch die Sache, die er sich zu eigen macht" (K. Jaspers). Die wichtigste Sache der Welt ist es aber, jenem umfassenden Sinn nachzusinnen, ohne den alles schal und farblos wird.

Ohne den das Leben nur noch eine Lange-Weile ist, deren Widersinn sich bündig in E. Ionescos Wort umschreibt: „Wir leben, um zu sterben". Immerhin! Wenn schon das Leben kein über die Tage hinausreichendes Ziel besaß, dann hat doch wenigstens der Tod einen Sinn: sinnvoller Abschluß einer sinnlosen Existenz zu sein. Welch ein Trost fürs Leben!

Seltsam, diese Siebziger Jahre. Im selben Verhältnis, wie unser Dasein mangelloser und angenehmer wurde, verlor es an Sinn. Immer häufiger zerbrechen Menschen an eben diesem Dasein; 1979 töteten sich allein in Deutschland 1400 Kinder und Jugendliche. Kein Wunder, wenn Produktion und Konsum zum fast alleinigen Lebenssinn erhoben werden. „Leiden am sinnlosen Leben" lautet der Titel eines unsere Zeit glänzend diagnostizierenden Buches[1]. Dieses Leiden als „horror vacui" ist die tiefste

Ursache all unseres Lärmens und Rasens – und die Mutter aller „existenziellen Frustration".

Statt nun das sachlich einzig Richtige zu tun, um aus der Ziel- und Maßlosigkeit wieder ins menschliche Lot zu kommen, indem man leise und demütig auf die Gedanken des Konstrukteurs allen Lebens achtet, läuft man auf den Markt und liefert sich jenen Propheten aus, die dort (wohlwollend vom Zeitgeist rezensiert) ihre Lösungen feilhalten. Alle Antworten zum „Sinn des Daseins" aber, die nur von der Oberfläche dieses Daseins stammen, und die den Gottesbezug des Menschen verleugnen und verachten, befriedigen im letzten nicht, da ihr Ansatz von vornherein die Wirklichkeit verfehlt.

Vergebens also sucht Sokrates einen Lebenssinn im marxistischen und sozialistischen Denken.[2] Was besagt denn fürs Hier und Heute, der Sinn eines Menschenlebens bestehe darin, zur Entwicklung der sozialistischen Gesellschaft beizutragen? Und: Wofür lebt dann jene glückliche Generation, die ein Erbe aus Blut und Tränen übernehmen darf?[3] So scheitert auch der innerweltliche Humanismus an der Urfrage, auch wenn seine Antworten an Christliches anklingen: „Dasein für andere ..." Nur dies? Was aber wird morgen sein, wenn mein Dasein kein solches „Für" mehr leisten kann? Ist ihm dann aller Sinn genommen? Und überhaupt: Wenn einer *nur* für den anderen da ist, was soll dann dies Dasein *im Ganzen?* Die Summe solchen Existierens?[4]

Da alle Versuche einer Sinnbestimmung aus dem reinen Da-Sein scheitern, bleibt nur noch die ehrliche Resignation, die seit Nietzsche sogar im Gewande des Heroischen einherwandelt:

Es ist sinnlos, daß wir geboren werden,
es ist sinnlos, daß wir sterben.[5]

Bleibt der logische Schluß: Es ist sinnvoll, Leben zu erhalten, weil der Tod sinnlos ist, und es ist ferner sinnvoll, neues Leben zu verhüten, weil das Leben sinnlos ist. . . Siegmund Freud, der wie wenige unser Jahrhundert mitgeprägt hat, kommt zu einer Lösung, die den Menschen endgültig aus dem Raum des Humanum entläßt:

Im Moment, da man nach Sinn und Wert des Lebens fragt, ist man krank; man hat nur eingestanden, daß man einen Vorrat von unbefriedigter Libido hat.[6]

Gesund ist somit, wer dort zu fragen aufhört, wo die Antwort *Konsequenzen* haben könnte . . . Dies hat uns in eine „Sinnkrise" hineinmanövriert, die die Welt noch nicht gesehen hat. Kein Wunder, daß eine ganze Literatur erwachen mußte, um sie zu erforschen und zu bewältigen.[7] Unsere Altvorderen, die das Leben noch zu meistern verstanden, weil es einen tragenden Sinn für sie hatte, würden verständnislos vor diesen (so notwendigen) Büchern stehen.

Wir, die stolz Heutigen, haben diesen Sinn zuerst lächerlich gemacht und dann mit deutlichen Erfolgen abgeschafft. Wir haben die Transzendenz (als Herkunft und Ziel alles Menschlichen[8]) als „Projektion" verdächtigt und dann mit leichter Hand abgetan. Wir haben die Erde losgekettet von ihrem heimlichen und rettenden Sinn[9] und wundern uns, daß wir an selbstgeschaffener Sinnlosigkeit (dieser genialen Ersatzprojektion) zugrunde gehen. Wir sind engagiert, perfektioniert, rationalisiert, produktiv und rezeptiv – und wissen nicht wozu. Wir konsumieren Musik, aber singen können wir nicht mehr.

„Bonjour tristesse“ sagte Françoise Sagan, und ein Jahrzehnt war glücklich über diese Entdeckung. „Die Trauer dieser Welt aber führt zum Tod“, sagt Paulus (2 Kor 7,10) – vor Sagan und noch lange nach ihr.

Die Katechismusfrage

Sokrates ist nicht tot. Ob wir wollen oder nicht: Erkenne dich selbst! Erkenne den Sinn deines Daseins! Wenn wir unsere Sinne öffnen für das Wirkliche und einmal endlich anfangen, ihm nachzusinnen, dann werden wir auch finden. „Sinnen“ heißt ja: das Denken auf eine Reise schicken, auf eine verborgene Fährte setzen[10]. Heißt, die Richtung aufspüren, in die etwas verläuft, um so zu seinem Ziel und seiner Erfüllung zu kommen.

Sinn ist die Spur zum Eigentlichen hin. Wo diese verlassen wird, entsteht Unsinn und Widersinn. Ich kann gewiß eine Lokomotive zur Herstellung heißen Wassers benützen – aber niemand wird im Ernst behaupten, dies sei im Sinne ihres Erfinders, sei ihr Daseinssinn. Hierüber gibt es einfach keine Diskussion.

Anders beim Menschendasein. Hier sind tausend Deutungen möglich. Fraglich bleibt nur, ob sie auch die Grundidee seines Konstrukteurs treffen und ob sie einen Menschen befriedigen, der trotz allseits behaupteter „Sinnlosigkeit“ nicht daran denkt, sein Leben zu verachten oder sich zu existenzialistischer „Trotzdem-Pose“ durchzuringen. Wer in seiner Antwort den letzten Seinsgrund ausklammert, wird auch dem Lebenswillen nicht gerecht, der einfach „da ist“ und der in jedem Neugeborenen fröhliche Urständ feiert. Das Herz läßt sich die Antwort nicht nehmen, auch wenn der Geist es dazu zwingen will.

Aus dem Mund der Säuglinge und Kinder hast du dir Lob bereitet, deinen Gegnern zum Trotz. (Ps 8,3)

Wozu also sind wir auf Erden? Während die alten Katechismen auf diese Urfrage noch eine gläubige und lebenstiftende Antwort zu geben verstanden, versagen just in dem Jahrzehnt, wo die Sinnkrisenbücher erscheinen, die neueren „Glaubensbücher" aufs kläglichste. Aus Versehen? Aus Nachlässigkeit? Oder weil es modisch geworden ist, Fragen „im Raum stehen zu lassen" und sich (solidarisch gar) auf die Seite der Zweifelnden zu stellen?

Petrus Canisius weiland gab noch die treffliche Antwort:

Zu was für einem Zihl und End ist der Mensch erschaffen? Daß er Gott auf Erden diene, und dardurch ewig glückseelig werde.[11]

Ganz in seinem Sinne schreibt auch Johann Baptist Hirscher:

Der Mensch soll das werden und seyn, wozu er von Gott die Fähigkeit empfangen hat. Er soll Gott erkennen, Gott lieben, Gott gehorsamen . . . Er soll sich und die Welt um sich her erkennen, sich und seine Mitmenschen lieben, sich und ihnen Gutes thun und seinen Platz auf Erden ausfüllen, als Stellvertreter Gottes . . .[12]

Desgleichen drückt sich auch der letzte Katechismus dieser Art aus, der sog. „Grüne Katechismus" (Freiburg 1955), wenn er auf S. 5 f. sagt:

Wir wissen, wozu wir auf Erden sind . . . Wir sind auf Erden, um Gott zu erkennen, ihn zu lieben, ihm zu dienen und einst ewig bei ihm zu leben.

Dagegen lassen die neuesten Katechismen in dieser „dringlichsten aller Fragen"[13] den Menschen im Stich. Der „Holländische Katechismus" (1968) kommt über ein bescheidenes Glücklichsein im Miteinander und die Versicherung, daß

„die Welt zu verändern . . . kein sinnloses Dasein" ist, nicht hinaus (S. 7). Von einer Rückbindung ins Transzendente ist keine Rede mehr.

Man ist sich seines Lebens und seines Glückes nicht sicher. Der Sinn des Lebens ist ungewiß. (S. 16)

Aus unseren eigenen Händen, aus unserer eigenen Liebe wächst eine Antwort. Getane Arbeit, Gesundheit, gute Kinder, das alles ist schon Erfüllung unseres Anliegens, daß das Leben für uns einen Sinn haben soll. Glück ist in sich selbst sinnvoll. (S. 6).

Fontanes „Glück im Winkel"? Opium für Arbeiterfamilien mit Schrebergärtchen? Bestürzend zu sehen für dieses Glaubensbuch, daß ein Marxist wie Machovec solch ärmlicher Selbstbescheidung kaum nachsteht, wenn er seine 230 Seiten umfassenden Ausführungen mit der Erkenntnis beschließt:

Das Leben findet seinen Sinn im Heute, in der einfachsten Arbeit, in der Liebe und im Zusammenleben des Menschen mit anderen Menschen . . .

Dem Leser des Evangelischen Erwachsenenkatechismus[14] bleibt die Antwort ebenso versagt wie den Jugendlichen, denen die deutschen Bischöfe 1969 ein modernes Religionslehrbuch in die Hand gaben.[15] Im Ungefähren schwebt ferner das „Neue Glaubensbuch" mit seiner poetischen Antwort:

Sinn und Ziel des Lebens ist die Vollendung der Liebe zu Gott und der Dienst an den Mitmenschen.[16]

Auch die neuerliche „Botschaft des Glaubens" gibt eine zwar konventionelle Antwort, kümmert sich indes wenig um deren innere Logik: Gott ist Sinn und Ziel des Menschenlebens (Nr. 103). Jedes Seiende gelangt nur durch Wirken zu seiner Vollendung, sagt die Scholastik. Somit ist nicht „Gott" (als solcher) Sinn eines Menschenlebens, sondern das Ergreifen Gottes. Indem solches geschieht, vollzieht sich der Sinn einer Existenz, und in diesem Geschehen verwirklicht sich das, was „Menschsein“ heißt.[17]

Die Katechese läßt uns also im Stich, nicht aber die Stechfliege. Denn es bleibt hartnäckig die Frage stehen: Wenn die vielen Dinge, die wir wahrnehmen, erforschen und erfinden, sich als sinnhaltig erweisen, sollte dies einzig (und ausgerechnet!) dem Menschenwesen vorenthalten sein? Und: wenn alles gemäß einem objektiven (d. h. dem Denken vorgegebenen[18]) Sinn funktioniert und darin einen dem Ganzen dienenden Sinn offenbart, was bedeutet dann in einem solchen Kosmos mein Leben?

Ich muß es wissen, weil von der Beantwortung dieser Sinnfrage der Wert jeder gelebten Stunde abhängt, und weil sie einmal darüber entscheiden wird, in wessen Hände ich in meiner Todesstunde meinen Geist legen werde. In die gütigen Hände meines Schöpfers oder in die Klauen des absurden, abstürzenden Nichts-mehr?

Zwei Quellen offenbaren diesen verborgenen Sinn, und sie offenbaren ihn in dem Maße, wie der Mensch sich ihm gegenüber öffnet. Das biblische Wort ist die eine Quelle und das menschliche Herz ist die andere, die genauer und treffsicherer als alle Klügelei dem Menschen sagt, was der Sinn seines Lebens ist. Die Hl. Schrift nennt als Lebenssinn *die Verherrlichung Gottes,* und das Herz sagt dem je anderen Ich, worin die nähere Form dieser *seiner* Verherrlichung besteht. Die allgemein-gültige biblische Weisung ergänzt sich im Subjektiven, wo sie in einem offenen Satz verläuft: „Der Sinn *meines* Lebens ist . . .“, oder: „*Meine* Gottesverherrlichung besteht in . . .“ Soviele Leben, soviele Lebenssinne! Wer die Verflechtungen seines Lebens in die vielen Leben und Aufgaben um sich her wahrnimmt und bejaht, der erkennt, daß sein Leben sich erfüllt, und daß es trotz des vielen Dunklen und Unverstehbaren sinnvoll ist zu leben.

Dies gilt etwa für das Leben einer Mutter, deren Sinn und Sinnen die Sorge für ihr behindertes Kind ist, ebenso wie für das Kind selbst. Auch sein „lebensunwertes" Dasein (wie die Genießer sagen) hat einen Sinn. Zunächst: das Dasein eines Menschen zu erfüllen, das in ungerühmtem täglichen Da-Sein zu seiner Vollendung gelangt; dann aber letztgründig auch zufolge eines Sinnes, der einzig in Gott ruht, und der diesem Kind wie seiner Umgebung in der Ewigkeit einmal aufgehen wird, dort nämlich, wo der Schöpfer einmal ein Wort über dieses kümmerliche Wesen sprechen wird, das allem frischfröhlichen Drauflosleben Rätsel und Ärgernis zugleich war.

Gott zu verherrlichen: Dies ist der Generalnenner, auf den sich alles Menschendasein vom gläubigen Denken her bringen läßt. Und es vollzieht sich in sovielen konkreten Einzelsinnen, wie es Menschen und Lebensformen (steinzeitliche und moderne!), Begabungen und Berufungen gibt. Daß diese so vielfältigen Menschen ihr je eigenes Sinnziel erreichen, dies hat uns Jesus als eine der wichtigsten Gebetsbitten auferlegt:

Dein Wille geschehe:
Wie er im Himmel geschieht,
so möge er auch auf Erden geschehen.

Wo immer Menschentun und Gotteswille übereinstimmen, da geschieht „Verherrlichung"; weil man da Gott als letzten „Herrn" gelten läßt, angefangen von den nuklearen Geheimnissen bis hin zum Lobpreis der Engelwelten. Und innerhalb dieser unauslotbaren Spannweite: menschliches *Gotteslob als Lebenssinn.*

Singen will ich ihm, solange ich lebe.
Singen will ich ihm, solange ich bin.
Meine Seele, preise den Herrn!
(Ps 104,33.35)

Wie es Menschen gibt, die *berufsmäßig* musizieren, die als „Symphoniker“ in einer Welt der Zwecke keine greifbaren Dinge „produzieren“, also Menschen, deren Lebenssinn einzig die Musik und die Freude an ihr und für andere ist, so gibt es auch Mönche, deren Leben in gleicher Weise und in erster Linie „nichts“ produzieren, sondern einfach einen Sinn verwirklichen will: *Gott singen.* Dem Lobpreis, den die Engel seit Äonen ihm darbringen, auch auf Erden eine Heimstatt geben.

Gott singen – das heißt: Ihm singen, indem sie Ihn singen. Und dies als Beruf und in einem Lebensstil, dessen primärer Seinssinn das Gott-Singen ist und dem sich alle anderen Tätigkeiten und Notwendigkeiten unterordnen. „Dem Gottesdienst soll nichts vorgezogen werden“, sagt der hl. Benedikt vom Leben der Mönche (RB 43,7), und er muß es sagen, weil er nur zu gut um die Versuchung weiß, daß menschliche Selbstbestätigung sich lieber in der Arbeit sucht, die in winzigen Schritten immer neu das Terrain der Gebetszeit zu erobern versteht. Nur allzu leicht geschieht es, daß das Vergnügen am registrierbaren Erfolg die ursprüngliche Lebensdevise in ein „labora et ora“ verwandelt, die sich vor der Welt sehen lassen kann . . .

Und doch ist der Mönch bewußt in eine „Wüste“ gezogen, d. h. in ein Land dürrer Erfolglosigkeit, um dort die Freiheit zu gewinnen, in der das Gotteslob gedeihen kann. Dies indes nicht um seiner selbst willen (oder weil Gott es gar nötig hätte!), sondern um der weiten Menschenwelt willen, die aus diesem Gott-Singen lebt, ob sie es weiß oder nicht. Wenn schon unser deutsches Gesangbuch, das für jedermann gilt, den Titel „Gotteslob" trägt, dann dürfen jene, die es nur am Sonntag benützen können, da ihr Leben auf Schienen und Straßen, an Kranken- und Kinderbetten Gott verherrlicht, wissen, daß ihr Leben und Loben eingebunden ist in das der Mönche, wie auch umgekehrt das Lobsingen der Mönche nur erwachsen kann aus diesem Leben „der anderen". Für beide aber gilt:

Wenn du zu singen beginnst und deine Seele ihn zu preisen vermag, wird dich die Fliege nicht mehr stechen. Du hast dein Leben gefunden.

DIE MORGENDÄMMERUNG

Die Welt wurde um des Menschen willen erschaffen, der Mensch aber um des Lobpreises willen. (Franz von Sales)

Adam

Schauen wir einmal zurück! Was war die Morgendämmerung des Menschenwesens? Der Glaube sagt uns: Gott hat den Menschen geschaffen, „gebildet" (Gen 1,26). Die Wissenschaft sagt uns: Der Mensch ist entstanden, hat sich entwickelt. Und beide haben recht – auf ihrer Ebene.[19] Denn in den Händen Gottes macht es keinen Unterschied, den „Mutterstoff", aus dem der Mensch am Morgen der Schöpfung hervorging, dem Erdreich zu entnehmen oder ihn aus dem Tierreich emporzuheben. Denn beide, Mensch und Tier, bestehen aus irdischen Stoffen wie Wasser, Mineralien, Metallen, Spurenelementen. Was den Menschenleib aber zum „Menschen" macht (vgl. Prd 3,18–21!), ist die Gabe des Geistes, und der Moment jener Begabung entzieht sich schlechthin der paläontologischen Forschung. Was sie jedoch feststellen kann, ist jene *gottgewollte* Kausalität, welche die Bibel so umschreibt:

Gott sprach: Die Erde lasse sprießen grünes Kraut . . .
Gott sprach: Die Gewässer sollen wimmeln von Lebewesen . . .
Und so geschah es! (Gen 1,11.20)

Hier werden die Erde und das Wasser aufgefordert, Leben hervorzubringen. Gott „spricht", und „es geschieht". Wer möchte ihn da tadeln, wenn er auf dem Wege einer selektiven und mutativen Entwicklung „spricht"? Ist hier das Wunder des Menschen und die Herrlichkeit eines *so* schaffenden Schöpfers nicht unendlich größer?

Indes: Fossilien bereichern unser Wissen um den Werdegang des Menschenleibes, sie sagen aber nicht das Geringste über dessen Sinnbestimmung aus. Und gerade dies zu wissen wäre die alle Not unserer Sinnkrise wendende Bereicherung unseres Wissensdurstes über den homo sapiens. Nichts in der Forschung um den Menschen ist so wichtig wie dies: zu wissen, ob und welcher *Zielgedanke* diesem phantastischen evolutionären Weg des Kosmos zum Menschen hin innewohnt.

Wozu dieser Aufwand an sichtbarem und unsichtbarem Sein, wenn nicht auf einen letztgültigen und darin einzig befriedigenden Sinn hin? Welcher Mensch, der mit wacher Ehrfurcht dies alles betrachtet, möchte im Ernst noch behaupten, daß das Sinnziel jenes komplizierten Entwicklungsganges, der im Wechsel von Gesetz und Zufall, in logischem Spiel wie in fast heiter anmutenden Experimenten vorwärtsschritt (man denke an die Saurier, deren Produktion die Natur wieder einstellte!), daß das Ziel von alledem es gewesen sei, ein Wesen hervorzubringen, dessen philosophische Höchstleistung die Behauptung einer allgemeinen „Sinnlosigkeit" ist? Wie kann jemand, der dieses *Credo vom Unsinn* den Modegeistern (und das sind niemals die großen Naturforscher) nachbetet, der Menschheit noch eine Zukunft geben? Wozu noch Kinder zeugen, deren Aufgabe dann wieder das Zeugen von Kindern ist? Wozu den „Ekel am Sein" ins Endlose verlängern, wozu ein Dasein fortsetzen, dessen Lebensernte beim weitaus größten Teil der Menschheit dann doch negativ ausfällt?[20] *Wozu, wenn nicht um eines Größeren willen!*

Wohinaus läuft somit dieses unvorstellbare Zeiten und Räume umfassende „Programm“ der Evolution, diese ungeheure Investition an Masse und Energie? Wohinaus – – –

Wenn nicht auf Adam hin, dessen Geist erkennend und in Lobpreis ausbrechend im Schweigen kosmischer Sphären endlich Ant-Wort auf das göttliche Wort sein kann . . .

Wenn nicht auf Christus hin, dem absoluten Zielpunkt aller Evolution, dem Logoswort inmitten seiner Brüder, den Milliarden Menschenworten und Wortmenschen . . .

Sagen wir zuviel, wenn wir im Menschen das von Gott „vorprogrammierte“ und schon dem Uratom eingestiftete Sinnziel der Welt sehen, und wenn Christus (der göttliche Mensch) für uns die ganze Würde der Evolution darstellt?[21]

Nimm einmal einen Stein in die Hand. Einen Granit, der 3 Milliarden Jahre älter ist als du, oder einen Kalkstein aus dem Jura – und schau ihn lange an. Mehr noch: rede ihn an. Er weiß nichts von dir, aber du weißt, daß seine Elemente auch deinen Körper aufbauen, und daß dieser Körper dein Gehirn trägt, das über den Stein nachdenkt. Du siehst in deinen inneren Bildern das fließende Magma, das allmählich zu Granit erkaltete und für dich den Boden bereitete, aus dem du leben wirst. Du siehst vor dir im Jurameer (vor 180 Millionen Jahren) ein wimmelndes Leben, dessen Kalziumkarbonat das gleiche ist, aus dem dein Knochengerüst gebaut ist. Und du wirst dessen inne, daß es einen zukunftsgerichteten Sinn und einen Bestimmungsort hatte: Du! All deine pflanzlichen und tierischen Vorfahren lebten ihr Leben, um Fundament eines Lebens zu sein, das *Gott erkennt.*

Dein Leben war damals schon tief in den Stein eingeschrieben! Und über 6000 Milliarden Jahre alt sind die Kohlenstoffatome in deinem Körper.[22] Du kennst ihre „Biographie“ nicht, aber du weißt, daß sie, einst in der Sonne noch, auf dich warteten, um in dir ihr Ziel zu erreichen.

Welch ein Wunder: dein Leben! Vor etwa 20 Milliarden Jahren schuf der allmächtige Gott das Universum, trennte vor etwa 4,5 Milliarden Jahren unsere Erde aus der Sonne und bildete vor 3 Milliarden Jahren die ersten Lebensträger wie Proteine und Nucleinsäuren. Vor etwa 2 Milliarden Jahren ließ er erstes Leben sich regen. Vor 20 Millionen Jahren entnahm er dem Tierreich ein Wesen, das vor 3 Millionen Jahren einen aufrechten Gang annahm und über viele Zwischenstufen und ausgestorbene Formen sich zum altsteinzeitlichen Menschen hin entwickelte. Der heutige Mensch schließlich findet sich, immer deutlicher in „Rassen“ sich ausprägend, seit etwa 40.000 Jahren.

So erwachte in diesen Zeiträumen der schweigende Kosmos zu sich selbst: ins antwortende Wort hinein. In Adam endlich fand das Lied der Schöpfung seinen „Text“, und ein Wort wurde den Sphärenklängen hinzugefügt, das zu sagen der Mensch berufen war.

Wo bist du?

Dies also war der Plan des Schöpfers, dies seine Idee und dies sein Programm. Er schuf den Menschen als ein Wesen, das fähig ist, Erkenntnis in Lobpreis umzusetzen. Er stiftete ihm den Geist ein als jenes Instrument, das (in doppeltem Sinne) „reflektieren“ kann: Seiendes und Sinntragendes nämlich überdenkend auffangen und in der Form des Lobpreises auf den Schöpfer zurückstrahlen.

Er ließ das ganze Menschengeschlecht aus einem einzigen entstehen, daß es wohne auf dem Erdenrund . . . und daß es Gott suche, ob sie ihn wohl spüren und finden möchten, ihn, der doch nicht ferne ist von einem jeden von uns . . . (Apg 17,26f.)

Diesen Daseinssinn des „Gott-Reflektierens" indes könnten auch eigens zu diesem Zweck von Gott geschaffene Marionetten wahrnehmen. „Maschinen mit Geist", die ununterbrochen und in mechanischer Perfektion das Gotteslob „produzieren" – ohne die Gefahr eines Versagens (das ja auch die Engelwelt in einem satanischen Nein vollzog), die also ihrem Erschaffer gerade nicht jenes tägliche Defizit bieten, das er von seiner Menschenwelt entgegennehmen muß. Dieses erbärmliche Zurückbleiben hinter dem gesetzten Sinnziel. Ist es ganz undenkbar, daß Gott sich ein derart vollkommenes Lob als Spiegelreflektor seiner Herrlichkeit hätte schaffen können? Ein unfrommer Wunsch gar angesichts der kläglichen Wirklichkeit, die wir „Weltgeschichte" nennen?

Aber Gott hat es nicht getan. Seine Schöpfung „Mensch" sollte, in verkleinertem Maßstab, die Freiheit ihres Schöpfers widerspiegeln, sollte (in Vollendung einer kreativen Evolution[23]) *freies Gotteslob* sein. Und er scheute auch nicht das Risiko, das mit dieser Freiheit möglich wird. Er wagte den Einsatz. Ja, er offenbart darin seine ganze Größe, die es nicht unter ihrer Würde hielt, um deretwillen, die ihm „Reflektor" und „Resonanz" sein wollen, das Ganze zu erschaffen und Tag um Tag zu erhalten. Gott liebt gewiß die große Zahl, die verschwenderische Fülle von Sternen und Blüten, aber er ist nicht auf sie angewiesen. Dies durfte (und mußte) der Prophet lernen, der aus Verzweiflung über das fast völlige

Verstummen des Gotteslobes in seinem Volk zu Sinai floh:

Elias, was suchst du hier? Geh zurück . . . ! Denn siehe: Ich lasse mir in Israel 7000 übrig, die ihre Knie vor Baal nicht gebeugt und deren Mund ihn nicht geküßt hat. (1 Kg 19,13ff.)

Die Qualität einer nur aus Freiheit möglichen Liebe bedeutet offensichtlich dem Schöpfer mehr als die hohle Quantität zahlloser Lob- und Preismarionetten. Deshalb existiert die Welt noch und deshalb hält er sie noch durch trotz ihrer (menschlich gesprochen) „theologischen Unrentabilität". Das bewußte Antwortsein der wenigen rechtfertigt und bejaht auch die Millionenmasse „stummer" menschlicher Existenzen, ja liebt diese sogar als den unbewußten „Kontext" zum Hymnus derer, die singen können. Der Sinn ihres Daseins, das Gott so nicht erreichen kann oder will, ist selbst noch auf diese indirekte Weise Gotteslob, da es das Gotteslob jener ermöglicht, die ihn finden[24], was in weiterem Sinne vom gesamten Kosmos gilt. Auch sie, die (religiös gesehen) noch in der „Steinzeit" leben, dürfen teilhaben am Heil und am Segen, der aus dem Gotteslob in die Welt fließt. Denn „in dem Einen werden die Vielen gesegnet" (Gen 12,3) und aus der Liebe derer, die begriffen haben, strömt „Leben" zu jenen, die nicht begreifen können.

So schaut Gott auf seine Menschenwelt und ruft – heute wie am Anfang – sein liebstes Geschöpf. „Adam, wo bist du?" (Gen 3,9). Aber wie oft erhält er statt der Antwort eine Ausrede:

Siehe, ich habe mich versteckt (Gen 3,10) . . . Versteckt hinter meinen Fragen und Vorwürfen an dich, hinter meinen Träumen und Komplexen, hinter meinen (so wohlformulierten) Entschuldigungen und Scheingrün-

den, hinter so vielem, was noch erlebt, genossen, gelesen, erfahren werden muß – daß ich das nicht sein kann, was ich sein sollte: Antwort, lebendiges Du im Antlitz deines ewigen Du-Seins. Und doch weiß ich: Mein Nichtsingen-wollen ist nur ein Vorwand, eine Wand-vor-mir, die höher und unübersteigbarer zu werden droht, je älter ich werde . . .

Schauen wir die Gesichter alter Menschen an. Diese Spiegel eines Lebens! Wie oft sind sie gezeichnet von Bitterkeit und Enttäuschung, von Gier und Vergeudung (immer noch!), von gelbem Neid und ratloser Gehässigkeit. Beileibe und Gott sei Dank nicht immer! Aber wie oft . . . Schauen wir diese Menschengesichter an und meditieren wir dann den langen, kunstvollen Weg der Evolution zurück . . . bis zu den Urgründen, und wieder von ihnen aufwärts bis zu jenen wortlosen, steinernen Seelenkrusten, die ein *Menschenantlitz* werden sollten . . .

Kein Wunder, wenn all das bisher Gesagte einem nihilistischen (oder auch nur weltschmerzlichen) Menschen als absurd, als lächerlich vorkommen mag. „Gehen Sie doch mal in eine Irrenanstalt. Da wird Ihnen die Begeisterung für die Evolution vergehen!“ Gewiß, sie wird vergehen. Aber jenseits von Begeisterung und Ernüchterung mag die Frage angebracht sein: Woher (und warum!) ist sich unser Kritiker so sicher, daß der Zerfall dieser Menschenwesen auf das Konto Gottes und eines fehlerhaften Evolutionsprogrammes geht? Müßte sein Scharfsinn dieses Leid nicht vielmehr auf eine Zivilisation buchen, die ganze Ahnenketten schon zerrüttet?

Adam, wo bist du? Noch ist deine Evolution, deine innere und ureigene, nicht zu Ende. Denn so spricht dein Gott zu dir:

Im Mutterschoß habe ich dich gebildet, im Dunkel dich gewoben. Ich war es, der deine Gene abgewogen und deine Chromosomen mit viel Kunst gestaltet hat. Ich habe dich nochmals den ganzen Weg meiner Evolution gehen lassen in neun geborgenen Monaten, habe am Morgen deiner Tage deinen Namen ausgerufen, habe dich geliebt und behütet in deinem Glück wie in deinen Nächten, habe auf Adlers Fittichen dich getragen, damit ein Fuß nicht stoße an einen Stein. Ich habe dich wieder und wieder aufgehoben und deine Wunden gepflegt, wann immer deine Torheit und meine Liebe dich verletzten, habe meine Hand über dich gebreitet selbst dann noch, wenn du sie wegstoßen wolltest in deinem Schmerz . . . Ich habe dir wache Sinne und ein Herz geschenkt, das meinem Herzen nahe ist, und schließlich habe ich dir eine ewige Wohnung zugerichtet, wenn der Abend deines Lebens kommt – – und du, Adam, wo bist du?

Wo bleibt deine Antwort? Noch schenke ich dir Zeit und Frist, deine Evolution zu vollenden. Mensch zu werden. Sollen sie dich beschämen, von denen mein Prophet sagt:

Froh leuchten die Sterne auf ihrem Posten. Er ruft sie an und sie antworten: Hier sind wir! Mit Freude leuchten sie für den, der sie erschuf! (Bar 3,34f.)

Christus Logos

Die tägliche Wirklichkeit des Menschen lehrt uns Tag für Tag: Die Evolution ist noch nicht an ihr Ziel gekommen. Der Mensch hat ganz deutlich seinen Sinn noch nicht eingeholt. Darf er aber deshalb, aus philosophischer Ungeduld heraus, als der tollste Fehlschlag einer ins Ziellose wuchernden Natur bezeichnet werden?

Die Geschichte Gottes mit dem Menschen sagt uns: Wie der Mensch nicht aus sich selbst entstanden ist, so konnte er auch sein volles Menschsein nicht erreichen, wenn Gott nicht „nochmals“ schöpferisch einschritt. Die Entwicklung der Menschheit zu ihrem Sinnziel war (bei allem geistes- wie auch religionsgeschichtlichen Fortschreiten) in eine Stagnation geraten, die nur durch eine kräftige göttliche „Entwicklungshilfe“ überwunden werden konnte. Die Menschwerdung des Menschen konnte und sollte nach ewigem Ratschluß durch Gottes eigene Menschwerdung vollendet werden. Er ist in seine Welt eingetaucht, weniger im Sinne einer „Kurskorrektur“ des heillos Verfahrenen (wenn dies als „Rettung“ auch *mitbewirkt* wird!), als vielmehr deshalb, um sie so in ihren letzten, verherrlichenden Sinn hineinzubringen.[25] Die Erste „Inkarnation“, die Fleischwerdung des Geistes am Morgen der Menschenzeit verlangte nach einer Zweiten Inkarnation: der Geistwerdung des Fleisches. Der Erste Adam ruft den Zweiten Adam, der „Christus“ heißt und „Logos-Wort“, weil durch ihn endlich Adam aus seiner (bis heute noch weithin andauernden) Wortschwäche erlöst und in die göttliche Worttiefe hineingenommen wird. Das Wort ist Fleisch geworden, damit das Fleisch Wort werde, damit das menschlich noch so geistvolle und geistreiche Wort zum geist-begabten, heiligen Logos werde in Ihm (vgl. Joh 3,6; 6,63).

Geheiligt werde der Name Gottes in der Welt, die er nach seinem Willen erschaffen ... Es sei für immer und ewig gepriesen sein Name, der erhabener ist als alle Lobpreisungen, die man ihm spenden mag. (Jüdisches Kaddisch-Gebet)

Hier, in und durch Christus, wächst dem menschlichen Gotteslob jene „Erhabenheit“ zu, die den Thron Gottes erreicht. Im Aufgang der „Sonne der Gerechtigkeit“ wurde die Morgendämmerung der Vorzeit in den vollen Tag geführt. Gott selbst ging ein in die (auch geistige) Evolution, um den Odem des Adam, den im Leibe eingefaßten kleinen Logos zum unbegrenzten, gottgemäßen Logos zu gestalten. Denken wir nicht zu gering von der Menschwerdung

Gottes! Er ist „um unseres Heiles willen vom Himmel herabgestiegen", um unseres heilen, ganzen Menschseins willen: Der ganze Mensch ruft nach ihm, nicht nur seine Sünde! Er ist Mensch geworden, damit in ihm die 30 Milliarden Jahre ihren letzten Sinn erhielten:

Denn in Christus ist alles erschaffen, was im Himmel und auf Erden ist. Alles ist durch ihn und auf ihn hin erschaffen. (Kol 1,16)

Sinn und Ziel des Universums ist der Mensch, Sinn und Ziel der Menschheit aber ist Christus. Sie ist der „Leib", den Christus annehmen wollte, um in der Weise des Menschseins dem Vater eine Verherrlichung darzubringen, die eine Ewigkeit im Plan der seligen Gottheit verborgen war, aber offenbar wurde in der „Fülle der Zeit", die der krönende Höhepunkt aller Zeiten werden sollte (vgl. 1 Petr 1,3–12).

So vollzog sich im Leben, im Sterben und Auferstehen des Jesus von Nazareth eine Gottesverherrlichung, die es bis dahin nicht gab im Kosmos, und die all die wirren Linien der Geschichte in dem einen Kulminationspunkt zusammenfaßt, den das „Per ispum" der hl. Messe so umschreibt:

Durch Ihn und mit Ihm und in Ihm
ist Dir, Gott, allmächtiger Vater
in der Einheit des Heiligen Geistes
alle Herrlichkeit und Ehre
jetzt und in Ewigkeit. Amen.

Diese kleine Doxologie, die von Jesus spricht und zugleich von dem in seinen Brüdern fortlebenden und fortlobenden Christus, ist das kürzeste Geschichtsbuch der Welt. Weltgeschichte, wie sie in Gottes Augen geschehen ist. Weltgeschichte, die ihre Deutung und ihren Bestand von dem erhält, durch den alles, auch das

Dunkel, zum Segen und zum Lobpreis wird. „Er sah, daß alles gut war" (Gen 1,31) – *alles,* aber nur und erst im Hinblick auf seinen Sohn.

Ist aber in Christus wirklich Gott alles Menschliche umgreifend „Mensch geworden" – was soll da noch das Leben all derer, die „nach Christi Geburt" lobsingen? Wenn „in Ihm" alles vor dem Vater gesagt ist, was die Erde sagen konnte, wenn dem nichts Neues mehr hinzugefügt werden kann – was soll da noch meine Existenz, mein Lieben und Loben . . . ?

Et homo factus est. Er ist Mensch geworden, gewiß. Aber wir dürfen auch so übersetzen: „Er ist *ein* Mensch geworden". Er wurde „Jesus von Nazareth". Gott ließ sich einschließen in die Grenzen *eines* Menschseins: Die Sprache Jesu war nicht die meine, seine Blutgruppe, seine Augenfarbe, seine Gesundheit, sein Gemüt, sein – was macht doch nicht alles eine „Person" aus! – sein ganzes Wesen war und ist nicht das meine . . So gilt von meinem Dasein „nach Christi Geburt", daß es ein Leben „in ihm" sein darf (Gal 2,20; Phil 3,9); daß es die individuellen Grenzen des Menschseins Jesu aufsprengen und ihm eine Dimension des Lobpreises zuwachsen will, die er – als Mensch – nicht haben konnte. Es will und darf auf der Ebene des Menschlichen das Per ipsum um ein kleines Stückchen ergänzen (vgl. Kol 1,24). Wie in der Gottheit Christi alles Menschliche sich vollendet und wie durch ihn das Loben und Preisen aller Völker und Religionen zum Vater emporsteigt (Hebr 13,15; Eph 3,21), so vollendet sich das Menschsein Christi in den Vielen, die seinem irdischen und himmlischen Lobpreis „eingegliedert" werden (vgl. Kol 1,26–28).

Somit ist die Evolution auch in der Inkarnation noch immer unterwegs. Der Logos wird noch immer Mensch in seinen Brüdern: „Hast du deinen Bruder gesehen, so hast du den Herrn gesehen“, sagt ein Väterwort. Hier und heute lebt Christus: für dich, neben dir, in dir. Hier und heute geschieht, wenn du willst, *Evolution und Inkarnation* – oder eben nicht.

Und dies ist der Sinn eines Lebens, das von Christus ergriffen wurde: Spiegel und Gefäß seines Lobens und Liebens zu sein, in den Tiefen und Weiten der Gottheit *eine* Variante jenes Lobpreises, der sich im Hl. Geist vom Sohn zum Vater hin verströmt, *ein* winziger, geliebter Funke in diesem trinitarischen Lichtbogen, der alles umgreift.

Du erhabener Herr, ich weiß: Du bist rein, und ich sage: Du bist rein von allem Lob der Lobenden und allem Preis der Preisenden und allen Gedanken der Denkenden. Mein Gott! Du weißt, daß ich die Pflichten deines Lobes nicht zu erfüllen vermag. Lobe daher du dich selber an meiner Statt! Das ist das wahre Lob.

Der muslimische Mystiker Al-Halladsch, der um 900 diesen Gedanken formulierte[26], kannte das Per ipsum nicht, und er konnte auch nicht ahnen, wie sehr der göttlich-vollkommene Lobpreis durch den Menschen hindurchgehen will. Aber die tiefste Sehnsucht dieses Persers hat sich erfüllt: Christus im Christen, der Logos im Menschen – „das ist das wahre Lob“.

DIE OSTERKERZE

Du aber thronst als der Heilige
über dem Lobpreis Israels.
(Ps 22,4)

Leben und Loben

Wenn wir in der Osternacht die festliche Kerze entzünden, welchen Zweck verfolgen wir da? Soll sie ein Dunkel erleuchten? Und wenn wir nach dem „Lumen Christi" bald wieder das elektrische Licht einschalten, warum lassen wir die Kerze dann weiterbrennen? Zweck oder Sinn?

Wenn ein Ritter sich eine Burg erbaut, weiß er, wozu er sie nötig hat. Wenn ein Kind eine Sandburg baut, hat es keine Absicht damit, denn es wird mit leichter Hand diese wieder zerstören und eine neue bauen. Das Kind „spielt sich", wie man in Österreich sagt. Es liegt ein Ball da: er lädt zum Spielen ein. Damit . . . ? Um zu . . . ?

Spielen trägt seinen Sinn in sich. Apparate, die wir herstellen, haben einen Zweck zu erfüllen; wir brauchen sie, denn nur „mittels" ihrer können wir ein bestimmtes Ziel erreichen. Zwecke haben es mit den Zwängen des Existierens zu tun, Sinn fließt aus dem Lebensvollzug selbst hervor – und erst die Sinnwelt gestaltet das Leben schön. Sinn und Zweck verhalten sich zueinander wie Schönheit und Notwendigkeit[27], wie Spiel und Arbeit.

Und Gott? Warum hat er die Welt erschaffen? Oder: „Wozu", wo doch seine Vollkommenheit durch keine weiteren Seinsformen entwas hinzugewinnen kann und diese auch nicht „braucht"? Er benötigt keine „Mittel", um ein Ziel zu erreichen. Er war schon immer am Ziel (menschlich geredet). Folgt daraus, daß, wenn er etwas „tut", er es aus einem (letztlich nur von ihm ausdenkbaren) Sinn tut, nicht aber, um damit etwas zu verfolgen, das er mittels und nur mittels dieses Tuns erreichen könnte. So ist es an der Zeit, die klassische Formel näher zu betrachten: „Gott hat die Welt zu seiner Verherrlichung erschaffen".[28] Ignatius von Loyola definiert im ersten Satz seiner Geistlichen Übungen:

Der Mensch ist geschaffen, um Gott, unseren Herrn zu loben, Ihn zu ehren und Ihm zu dienen, und um so seine Seele zu retten.

Und Mohammed läßt Gott in der 51. Sura des Korans sprechen:

Nicht habe ich Menschen und Geister erschaffen, außer daß sie mich anbeten. (V.56)

Viele Menschen empfinden diese Sätze so, daß der Schöpfer mit seiner Schöpfung den Zweck verfolgt habe, eine Lücke in seiner Glorie zu schließen. Das geschöpfliche Gotteslob sollte etwas beischaffen, was Gott bis dahin gefehlt habe . . . Uralt ist dieses Denken. Schon der babylonische Weltschöpfungsmythos „Enuma elisch" spricht es mit einer Deutlichkeit aus, die nichts zu wünschen übrig läßt. Hier erschuf der Gott Marduk den Menschen als einen „Diener", der die Götter mit seinen „Gottesdiensten" zu ernähren und zu ergötzen habe – was nichts anderes als eine Projektion irdischer Verhältnisse ins Transzendente darstellt: Der Sklave hat seinen Herrn zu verwöhnen!

Aus seinem Blut formte er die Menschheit
und legte ihr den Dienst der Götter auf
und befreite diese auf solche Weise . . .[29]

Die biblischen Verfasser der Genesis übergingen mit Schweigen diese allzumenschliche „Theologie", die ihnen sicher so bekannt war wie die Sintfluterzählung des gleichen Mythos. Hier braucht Gott keinen Dienst.

Der Gott, der die Welt und alles in ihr geschaffen hat, der Herr des Himmels und der Erde, wohnt nicht in Tempeln, die von Menschenhand erbaut sind. Auch läßt er sich nicht von Menschenhand bedienen, als bedürfe er etwas - gibt er doch selber allem Leben und Odem und alles. (Apg 17,24f.)

Er ist auch kein einsames Ich, das ein Gegenüber sucht wie Adam, und das sehnend und leidend auf ein Du wartet. Er ist kein Wesen, das auf Lob und Anerkennung, auf kultische und liturgische Komplimente (und somit Komplemente!) angewiesen ist. Er ist Ich und Du zugleich in ewigem Wir. Er ist Wort und Antwort zugleich, ewigvollendetes Loben und Lieben in dreipersönlichem Eins-Sein. Was dann doch noch von Gott her geschieht, kann nur auf der Ebene des „Sinns" begriffen werden: Schöpfung nicht aus Mangel und Notwendigkeit, sondern *aus überströmender Fülle*. So existiert die Schöpfung auch nicht außerhalb Gottes (wie ein fernes, angestrebtes Sinnziel), sondern sie ersteht und ruht in ihm selbst. Sie ist *ein* Punkt auf seiner unendlichen Kreislinie, *ein* Wort im schweigenden Gespräch der Transzendenz, *eine* Liedstrophe im ewigdreifaltigen Gesang.

Gott schuf nicht, um zu . . ., oder damit . . ., sondern weil. Das „Per ipsum" löscht den alten Mythos aus.

Wenn auch unser geringer Verstand nur in Bildern und An-Deutungen zu reden vermag – denn Endliches kann Unendliches nicht fassen –, so wird doch das liebende Herz den verstehen, der die Liebe in Person ist (1 Joh 4,8). Hat ja „das Herz einen Verstand, den die Vernunft nicht kennt" (Pascal). Hierfür zwei Bilder:

Liebende äußern sich in endlos-erfinderischen, spielenden und verspielten Weisen, und der Ausdruck ihrer Worte, ihrer Augen und Hände erwächst einem „Sinn", der aller Zwecklogik verschlossen bleibt . . . Und ein Mensch, der aus innerstem Drängen heraus Künstler ist, schafft ein Werk, ja er „muß" es schaffen, *weil* . . . Und er ringt um sein Werk nicht, *damit* es ihn lobe. Ist es aber in vollendeter Weise gelungen, dann wird es „von selbst" seinen Meister loben. Weil!

So findet das wache und gläubige Herz seine Antwort nach dem Sinn allen Seins, eine Antwort, die keines rechnenden „Wozu" mehr bedarf:

Ich bin, weil Gott die Liebe ist und lebendiges Leben. Und ich preise ihn, weil es Sinn aus seinem Sinnen ist, ein kurzer und doch ewiger Klang im göttlichen Singen zu sein. Ich preise ihn, weil ich weiß und es mehr und mehr erfahre, daß meine Natur sich nur vollendet, wenn sie sich einschwingt und einstimmt in diese Melodie.

Er braucht mich nicht zu seinem Glück, aber wenn er mich will, dann darf ich wissen, daß aller Sinn meines Daseins in seinem ewigen Rat beschlossen liegt. Und dieser Ratschluß ist noch immer der Weisheit bester Schluß.

„Bei deinem Namen habe Ich dich gerufen" . . . Wozu? Warum? „Weil Ich dich liebe" (Jes 43,1.4)

Loben und Verherrlichen

„Durch unseren Mund loben dich alle Geschöpfe", singt die Präfation des 4. Kanon, und sie drückt darin aus, daß im Menschen die stumme Kreatur wie aus einem dumpfen Schlaf erwacht und „zu Wort kommt". Wo ein Mensch seinen Lobpreis auf den Schöpfer singt, da singt gewiß sein erkennender Geist, aber dies kann er nur, weil „die Erde in ihm" dies Singen ermöglicht. Wie sein Geist eingebunden ist in die Materie, so schwingt sie mit und erhebt da ihre wortlose Verherrlichung ins reflektierende Wort.

Das Wasser aller Meere, das Eisen in Gesteinstiefen, das Calzium unseres fruchtbaren Bodens – all das beginnt im Menschen zu jauchzen und seine Seinsfreude vor den Schöpfer zu tragen. Ja, auch das vegetative Leben der Pflanzen und das sensitive Leben der Tiere wird im Menschen zum „Wort". Er ist das Instrument, das die verborgene Melodie aller Materie ins Hörbare erlöst. Die leuchtende Sonne verherrlicht Gott durch ihr Dasein und ihre Wirkkraft „ohne Sprache, ohne Worte, mit unhörbarer Stimme" (Ps 19,4), aber zum preisenden Wort wird sie dort, wo ein gottliebender Mensch sie anspricht und ihretwegen dem Schöpfer singt:

„Du, Sonne, preise den Herrn" (Ps 148,3)
„Gepriesen bist du durch unsere Schwester, die Sonne" (St. Franziskus)

So treten im Menschen (und vollendet im Christusmenschen) Schwester Sonne und Bruder Mond und alles, was da kriecht und fliegt, vor ihren gemeinsamen Gott und Herrn –

Als knieten viele ungesehn
Und beteten mit mir . . . (L. Uhland)

Schon Pharao Echnaton (1365–1348 v. Chr.) erkannte das Gotteslob aller Kreatur, wenn er das anbetende Erheben menschlicher Arme in Einheit mit dem Erheben der Vogelflügel sieht; zwei verschiedene Formen des Preises in ein und demselben Morgengebet:

Die Finsternis flieht, wenn du deine Strahlen spendest.
Die Menschen erwachen und stellen sich auf ihre Füße,
nachdem du sie erhoben hast.
Sie waschen sich und legen ihre Kleider an,
ihre Arme lobpreisen dich, weil du erschienen bist.
Die ganze Erde tut ihre Arbeit . . .
Die Bäume und die Kräuter grünen,
die Vögel flattern auf aus ihren Nestern,
und ihre Flügel lobpreisen dich.
Sie leben, weil du für sie erschienen bist . . .
Du einziger Gott, außer dem es keinen anderen gibt.[30]

Wenn schon das tausendfältige Wirken und Ineinandergreifen der physischen, sensitiven und vegetativen Wesen ihn verherrlicht, wie sollte dann das Tun des Menschen außerhalb dieser zum Zentrum strömenden Anbetung liegen? Denn alles, was gemäß seinen Schöpfergedanken verläuft, was ihn in den Dingen und Vollzügen als „Herrn" manifestiert, das verherr-licht ihn. Seine Gedanken sichtbar werden zu lassen in der Dynamik der Welt- und Lebensgestaltung: dies ist der Sinn des Menschenlebens nach der biblischen Schöpfungsgeschichte.

Gott der Herr nahm den Menschen und setzte ihn in den Garten Eden, daß er ihn bebaue und erhalte. (Gen 2,15)

Hier ist des Menschen Daseinssinn: Hüter, Pfleger und Ordner, kurz: der *Gärtner des Seins* zu sein. Ergänzend zu dieser Schriftstelle, die im 10. Jh. v. Chr. als die erste theologische Anthropologie niedergeschrieben wurde, kommt eine zweite Sicht, die 400 Jahre später formuliert wurde:

So schuf Gott den Menschen nach seinem Bilde . . . Und er segnete sie und sprach zu ihnen: Wachset und mehret euch und füllet die Erde an. Macht sie euch untertan und herrschet über die Fische des Meeres, die Vögel des Himmels und alles Erdgetier . . . (Gen 1,27f.)

Hier ist des Menschen Lebenssinn: sichtbar auf Erden das zu sein, was Gott unsichtbar im Ganzen ist: Herrscher und Gestalter. Der Mensch sei der „Stellvertreter Gottes", sein Sachwalter und Repräsentant. Wie das Bild im altorientalischen Tempel die unsichtbare Gottheit repräsentieren und vertreten sollte, so soll der Mensch *Bild und Gleichnis seines Gottes auf Erden* sein.[31]

Von daher gesehen ist alles positive Tun, mag es noch so „weltlich" erscheinen, eine Verherrlichung Gottes, da ja in solchem „Herr-Sein", das gegen die Mächte des Chaotischen und Destruktiven ankämpft, das Herr-Sein Gottes aufleuchtet und zum Siege gelangt. Auf alten Orgeln liest man bisweilen den Satz: „All Kunst und Fleiß zu Gottes Preis". Was eine noch unangefochtene religiöse Zeit empfunden hat, ist auch heute noch gültig und wahr, auch wenn wir es nicht mehr auf unsere Raumschiffe aufschreiben ... In jedem Falle stehen wir vor ihm und verherrlichen ihn dort, wo wir seine ewigen Gedanken ins Wirkliche umsetzen, auch wenn der Arbeitslärm jeden Gedanken an Gott aus uns heraushämmert. Wo wir in nüchterner Demut uns den sachlichen Forderungen des Daseinsvollzuges unterwerfen, da geschieht Weltdienst und Gottesdienst in einem. In der frühen Kirche hat man ein Wort Jesu weitergegeben, das als „ungeschriebenes" (Agraphon) zwar nicht im Neuen Testament enthalten ist, das aber genau diesen Sachverhalt umschreibt:

Spalte das Holz – ich bin dort.
Wende den Stein – ich bin darunter.

Der Hl. Geist in uns ist es, der alles werktägliche Tun heiligt, der unsere geringsten Handlungen (die Sünde ausgenommen) zu einem „geistlichen“ Tun umprägt. Wir mögen essen, schlafen, angeln oder spazieren gehen: es ist ein „geistiger Opferdienst“ (1 Petr 2,5; Kol 3,17), und jedes Christenleben soll so geordnet sein, „daß in allen Dingen Gott verherrlicht werde“ (1 Petr 4,11). Vor allem ist die Lebensfreude ein Gotteslob: der Menschgewordene freut sich in uns und mit uns. Daneben aber sind es auch unsere Leiden und Verzichte, die Gott verherrlichen. „Frucht bringen in Geduld . . .“ (Joh 15,8), Aushalten dort, wo der Diesseitsmensch flieht. Oder wie ein anderes Agraphon sagt:

Wollet nicht in Betten noch in Kindsnöten noch in weichlichen Fiebern zu sterben wünschen, sondern in Martyrien, damit verherrlicht werde der, der für euch gelitten.

So ist die Summe meines Lebens „Verherrlichung“, ob ich es weiß oder nicht. Mein Leib und meine Seele stehen vor ihm. Mein Ich und meine Lebensgeschichte, befrachtet mit so viel Positivem und Negativem von meinen Ahnen her, aus meiner Kindheit her, ja all meine Erfahrnisse und Widerfahrnisse – all dies hat mich geformt auf das eine Ziel hin: einmalige, persönlich-individuelle Weise einer Gottesverherrlichung zu sein. „Ich will Gott preisen mit dem Antlitz, das er mir gegeben hat.“ (Franz von Sales). Ja, mein ganzes Ich mit seiner „Vitalität“ (dies ist der Sinn des hebräischen „näfäsch“, das wir so verdünnt mit „Seele“ übersetzen!) und mit seinen kranken Abgründen – ja, auch mit diesen – soll seinen Schöpfer preisen:

Meine näfäsch, preise deinen Herrn . . .
Und vergiß nicht all das Gute,
das er an dir getan! (Ps 103,1f.)

So ist Adam in die Welt getreten, um durch die Dinge Gott zu verherrlichen. Wie wenig aber entspricht die Menschheit tatsächlich diesem gesetzten Ziel: *den* Herrn aufscheinen zu lassen, der sie in den Garten der Welt gesetzt hat. Nur zu oft verherrlicht sie lieber den Herrn der Unterwelt. Was Wunder, daß unsere Welt unter *seinem* Regiment zur Unwelt wird und der Mensch zum Unmenschen! Viele wollen Gott nicht verherrlichen, viele können es (noch) nicht. Dumpf und hohl leben sie dahin, weil das lebenzeugende Wort sie (noch) nicht erreicht hat. Oder weil ihr Geist „vom Mutterleibe an" dunkel und fast reglos ist: Welchen Daseinssinn zur Verherrlichung hat das Leben des Kretins, des Stummen, des Blind- und Blödgeborenen? „Damit die Werke Gottes offenbar werden" (Joh 9,3)? Wann aber? In jenseitigem Heile erst? Oder auch: Um hier und jetzt im Ganzen des Menschheitsleibes das Dasein derer in schauendem Dank zu vertiefen, die ihn verherrlichen? Wir wissen es (noch) nicht.

Wie auch immer. Die Menschheit im Ganzen soll die Ausfächerung dessen sein, was Adams Berufung war. So viel Lebensgeschichten, so viel Aktionen und Passionen, so vielfältig ist die je neue Form der Verherrlichung. Aber nicht nur dies. Über all dem, was der Mensch ist und tut, steht die ins Wort gehobene Verherrlichung. Die Schöpfung und ihre Gesetze nicht nur vollziehen, sondern liebend ins Wort nehmen, dies ist die eigentlichste Tat und Berufung des Geistes:

Schau den Regenbogen an
und preise seinen Schöpfer! (Sir 43,11)

Das Gotteslob ist somit die „Form", in der der Geist verherrlicht. Während alle Dinge, und so auch des Menschen Leiblichkeit, durch ihr Sein und Wirken Gott verherrlichen, gilt für den

Menschengeist, daß er in vollendetem Maße verherrlicht, wenn er Gott, seinen Herrn, erkennt und ihm dieses Erkennen in lobpreisender An-Erkennung zum Ausdruck bringt. So möchten wir, vom Wortsinn her, diese Unterscheidung treffen, an die gewiß die Sprache der Dichter nicht gebunden ist (sie darf ja strenge semasiologische Grenzen überschreiten[32]): Verherrlichen ist eine Funktion von Sein und Wirken, wenn es Gottes Gedanken entspricht, Loben aber ist ein Vorgang des Geistes und der Sprache: „bewußtes" Rezipieren und Reflektieren der Herrlichkeit des Seins. Verherrlichung entspringt dem Sein, Lobpreis aber dem Logos in und über allem Sein.

Dieser Lobpreis als die Hochform menschlicher Gottesverherrlichung aber ist weder allen Menschen möglich und wird so auch nicht, wie die vielfältigen Talente und Gnaden zeigen, von allen in dieser konkreten Weise gefordert. Die meisten Menschen in und außerhalb der christlichen Religion verherrlichen Gott in täglichem Werk und Dienst, in Entsagung und Liebe. Dies ist ihre Aufgabe. Ihnen zur Seite treten jene, die den Lobgesang zu ihrem spezifischen Lebenssinn, ja zu ihrem Beruf gemacht haben.

Dies meint auch die alte Formulierung: monachi propter chorum fundati „die Mönche sind um des Lobgesanges willen da". Ihnen gilt die schon genannte Weisung des hl. Benedikt, daß dem Gotteswerk preisender Anbetung nichts vorgezogen werden soll, denn dies ist *ihr Dienst an der Welt*, ihr Eintreten für jene Menschen, denen im Ganzen der Welt andere Aufgaben zugedacht sind. Und so besteht die monastische „Arbeit" vorwiegend aus Gebet. Dies ist ihr Auftrag und ihre Funktion im Lebensvollzug der Kirche und im Aufbau einer humanen Welt.

Wie der Prophet sagt: „Siebenmal des Tages singe ich dein Lob." Diese geheiligte Siebenzahl erfüllen wir dann, wenn wir in der Morgenfrühe, zur Zeit der Prim, Terz, Sext, Non, Vesper und Komplet unseren schuldigen Dienst verrichten ... Zu diesen Zeiten also wollen wir unserem Schöpfer den Lobpreis darbringen ob seiner gerechten Gerichte, und auch bei Nacht wollen wir aufstehen, um ihn zu preisen. (St. Benedikt, Regel cap. 16)

Wenn auch das Lobpreisen die Hochform menschlicher Verherrlichung darstellt, so heißt das nun nicht, daß der Mönch im Nachjagen dieses Zieles auch die Hochform des Menschseins ist. Die Versuchung zu solchem Hochmut, vor der die Mönchsväter immer wieder warnen, kann sich wohl einnisten, zumal wegen der Ähnlichkeit der lobpreisenden Funktion der Engel das Mönchsleben in der Tradition häufig als „vita angelica", als „Engelsleben" bezeichnet wurde. Aber gerade der Mönch, der sich in die Kunst des Betens einübt, erfährt auch immer wieder, wie weit er von jenem gotthingegebenen, von allem Ichhaften unvermischten Anbeten der Engel noch entfernt ist und entfernt bleibt, solange er in diesem „Zelt des Irdischen" (2 Kor 5,1-6) festgehalten ist.

Denn vorerst ist alles irdische Gotteslob nichts als eine vorbereitende „Singstunde", eine Einübung auf jenes vollendet-reine „Sanctus", das die Engel, ohne zu ermüden, Gott darbringen. Jetzt noch ist alles irdische Tun von erdhafter Schwere und Mühseligkeit gezeichnet, aber dereinst werden wir wissen und erfahren, daß das Ringen um das Gotteslob *der Mühe wert war*, und daß die Mühseligkeit trotz allem eine selige Mühe war. Dann nämlich, wenn der Neue Himmel und die Neue Erde ganz und gar erfüllt und durchwirkt sein werden von seiner offenbaren HERRLICHKEIT.

Lieben und Loben

Alles Loben in dieser und jener Welt entspringt der Liebe – etymologisch, psychologisch, theologisch. Gerade die Sprachgeschichte kann uns zeigen, wie weit echtes Loben (und so auch das Gotteslob) von all dem entfernt ist, was Schmeichelei, Katzbuckelei und die übrigen Formen „unterthänigster" Vereinnahmung ausmachen.

Eine der fruchtbarsten Wortwurzeln der indogermanischen Ursprache ist „leubh" mit der Bedeutung *etwas gern haben, begehren, lieben.* Hieraus leitet sich z. B. das lateinische *libet* (es gefällt) und *libido* (das Begehren) ab sowie die seit alters im Germanischen belegten Wörter *lieben* und *loben, glauben* und *erlauben.*[33] Der innere Zusammenhang mit dem Urwort ist folgender: Was mir *leubh* ist, gewinnt meine Zuneigung. Ich „liebe" es, und weil ich es liebe, deshalb spreche ich „lobend" darüber, d. h. in liebender Weise. Ich „leubhe" (lobe) also, was mir „leubh" (lieb) ist.

In ähnlicher Weise zeigt die lateinische Wortwurzel „laud" (in *laudare, laus*) einen Aspekt des Lobens auf, der eine interessante Parallele im germanischen Bereich hat: *laus* bedeutet ursprünglich eine „feierliche Nennung", die öffentliche Anerkennung einer achtenswerten Sache, eines schätzenswerten Menschen. Dieselbe Wurzel findet sich im althochdeutschen *liod* (Lied) und *liudon* (=„lieden", was später durch „singen" verdrängt wurde). Das *liod* war eine feierliche Nennung im Preisgedicht, das noch nicht gesungen wurde (vgl. das Nibelungen „lied"); *laudare* und *liudon* hieß zunächst erst: in dichterischer Sprache Worte des Lobes aussprechen. Wie nah aber solches Loben dem Singen steht, zeigt das Gotische und Altindische, die dasselbe Wort für Loben und Singen benützen *(liuthon, grnati)*,[34] sowie das dt. „Lied", das die Bedeutung des „singenden Lobens" annahm, schließlich aber jeden Sang meint, so daß auch Ungelobtes im Lied sich ausdrücken kann – neben Frühlings-, Liebes- und Trinkliedern gibt es auch „Klagelieder" . . .

Einen dritten Aspekt zum Phänomen des Lobens steuert die alttestamentliche Sprache bei. Zwei Wörter umschreiben das Loben des hebräischen Menschen: *hallel* und *jadah*. Das Wort *hallel*[35] dürfte eine Schallwurzel sein (wie unser *Halali, Hurra*), die als „hallendes" und schallendes Jauchzen noch in der abstrakten Verwendung zu erkennen ist. Das andere Wort ist *jadah*, bei dem nichts im Wege steht, es von *jad* (Hand) abzuleiten: vor Freude die Hände emporwerfen, preisend die Hände erheben. Man kann dabei an die spontane Reaktion eines Kindes denken, das in der Begegnung mit einem lieben Menschen oder angesichts eines weihnachtlichen Geschenkes jauchzend die Hände hochwirft: es ist dies *seine* Form, das Lob von etwas Liebem aus-zudrücken. Man kann auch an die Darstellungen des Alten Orient denken, die uns Menschen zeigen, wie sie in kultischem Lobgebet die Hände emporhalten. Dies tut ja auch heute der Priester noch, und zwar nicht nur bei bittenden Orationen (wo die Orantehaltung dem Gestus der „Bittflehenden" entspricht), sondern auch beim klassischen Lobpreis der Präfation.

Wo also Liebe ins Wort tritt, da entsteht Lob, sei es gesprochen, gesungen oder auch nur „gejauchzt". Ein „Hurra" ist solch eine wortlose und doch sprechende Reaktion auf die Erfahrung eines Großartigen, Lob- und Liebwerten. Dieses so redende Re-Agieren hat sich auch in dem

Wort „Preisen“ niedergeschlagen. Im 12. Jh. wurde *„pris“* (Kampfpreis, Lohn, Anerkennung, Lob) aus dem Altfranzösischen ins Deutsche und Englische übernommen[36]; es entwickelte sich im 16. Jh. zu seiner heutigen Bedeutung „Preis“ = Geldwert, behielt aber daneben die alte Bedeutung „Lobpreis“ bei. „Preisen“ hat es also durchaus mit „Preisenswertem“ und „Preiswertem“ zu tun: das „Anpreisen“ auf dem Markt ist das Lob des Händlers auf seine Ware.[37]

Neben der Etymologie lehrt uns auch die Psychologie den engen Zusammenhang zwischen Loben und Lieben. Hier stellen sich drei Fragen: Was ist der Ursprung des Lobens? Welche Bedeutung hat es im Menschenleben? Welche Folgen zeitigt eine Unterdrückung des Lobes?

Um eine Antwort auf die erste Frage zu finden, stelle man sich einen Menschen vor, der liebt. Wie lange kann Liebe überleben, die sich nicht ausdrückt, die nicht zu(m) Wort kommen darf, kann oder will; die also das vollzieht, was das bare Gegenteil jeder Liebe ist: Rückzug ins vertrackt-schweigende, wortlose Ich? Ausdruck *muß* da sein, auch wenn dies ohne Worte geschieht (wie bei alten, gereiften Ehepaaren). Oft genügen ja Gesten und Blicke, die dem andern vielleicht „beredter“ noch sagen können, wie lieb er mir ist. Wenn der Meister dem Lehrling mal auf die Schulter klopft, mag dieser es als echteres Lob empfinden als „viele Worte“. Liebe muß loben, wenn anders sie nicht sterben will. Und das Lob muß aus der Liebe kommen, wenn es echt und ehrlich ist. C. S. Lewis hat das Phänomen liebenden Lobens so beschrieben:

Ich stelle mir das Preisen als Kompliment, als Beifall oder Ehrbezeugung vor. Ich hatte nie bemerkt, daß jede Freude unmittelbar in Lob überfließt, wenn nicht (manchmal obwohl) Schüchternheit oder die Scheu, anderen lästig zu fallen, absichtlich aufgeboten werden, sie daran zu hindern. Die Welt hallt von Lobpreis: Liebende preisen die Dame ihres Herzens, Leser ihren Lieblingsdichter, Wanderer die Landschaft, Spieler ihr Lieblingsspiel – Wetter, Weine, Gerichte, Schauspieler, Motoren, Pferde, Schulen, Länder, Persönlichkeiten der Geschichte, Kinder, Blumen, Berge, seltene Briefmarken, seltene Käfer, manchmal sogar Politiker oder Gelehrte: alles wird gepriesen. Es war mir entgangen, daß die demütigsten und gleichzeitig ausgewogensten und umfassendsten Geister am meisten loben, während es am wenigsten die Sonderlinge, Eigenbrötler und Unzufriedenen tun . . .

Der gesunde und ungezwungene Mensch, mag er auch im Luxus aufgewachsen und in den guten Küchen vieler Länder erfahren sein, kann eine sehr bescheidene Mahlzeit loben: der Magenkranke und der Snob finden an allem etwas auszusetzen. Wo nicht unerträglich widrige Umstände stören, scheint Lob nichts anderes zu sein als hörbare innere Gesundheit . . .

Ich glaube, wir loben darum so gern, was uns Freude macht, weil das Lob unsere Freude nicht nur zum Ausdruck bringt, sondern sie mehrt, sie zu ihrer gottgewollten Erfüllung bringt. Nicht aus Höflichkeit sagen Liebende einander immer wieder, wie schön sie seien; das Entzücken ist solange unvollständig, als es nicht ausgedrückt ist. Es ist zum Verzweifeln, wenn man einen neuen Schriftsteller entdeckt hat und niemandem sagen kann, wie gut er ist; wenn man bei einer Straßenkehre plötzlich auf ein Bergtal von unerwarteter Großartigkeit stößt und nichts sagen darf, weil es die Reisegefährten so kalt läßt wie eine Konservenbüchse im Straßengraben . . .[38]

Hier hat Lewis auch schon unsere zweite Frage beantwortet: Lob ist hörbare innere Gesundheit. Und es vermehrt diese Gesundheit bei dem, der zum Loben fähig ist (weil es seine Liebe stärkt) wie auch bei dem, der das Lob empfangen darf (weil er sich darin als „angenommen" und geliebt erfährt). Überdies „bewirkt der Lobpreis reale Veränderungen":[39] Er verändert in positiver Richtung den, der das Lob vollzieht (und zwar in vollem Bewußtsein dessen, daß auch manches zu kritisieren wäre . . .), als auch den, der es – vielleicht über einen Dritten erst – hören darf.

Wie anders würde es in unserer Welt aussehen, wenn wir mehr Mut und Schwung aufbrächten, ganz unkompliziert dort ein anerkennendes Wort auszusprechen, wo es nicht nur am Platze wäre, sondern von Gerechtigkeit geradezu gefordert ist (von der Nächstenliebe gar nicht zu reden!). Die freudlosen Bewohner unseres Planeten dagegen sind bis in die Gesichtszüge von dem gezeichnet, was man das „kritische Zeitalter" nennt . . . Welch geistesgeschichtlicher Höhepunkt!

Loben-können, eine vergessene Tugend. Aber wahres Menschsein kann nicht existieren, weder im Geben noch im Empfangen, ohne ein Minimum an Liebe, und Liebe kann nicht wahr sein ohne ein Quantum an Lob, ein Quantum, dessen Maximum erst dort seine Grenze findet, wo das Lob zu faulen beginnt: im Übergang zu profitbedachter Schmeichelei. Lobenkönnen ist eine geradezu biologische, befreiende Notwendigkeit, wie das „Selbstlob" beweist, das ja nichts anderes ist als Protest und Kompensation mangelnder Beachtung durch die Umwelt . . . Der Mangel an Lob läßt das Menschenwesen verkümmern, wie ein Mangel an Licht die Pflanze niederdrückt.

Und hierzu tritt ein Letztes. Welche Folgen weist die Unterdrückung des Lobes auf? Angenommen: Ich bin verliebt, aber – ich darf darüber nicht sprechen. Ich kann es (wegen „standesgemäßer" oder moralischer Schranken) weder dem geliebten Menschen noch irgendeinem anderen sagen. Das Wort hierüber, ein einziger Lobpreis des Geliebten, muß *in mir bleiben*. Selbst vor meinem Freund muß ich schweigen – die Gefahr, daß an ihm meine Worte zerbrechen, ist zu groß. Ich möchte reden können, und ich muß schweigen ... Und wie könnte solches Loben mich erlösen!

Kein Feuer, keine Kohle kann brennen so heiß
als heimliche Liebe, von der niemand nichts weiß.[40]

Aber auch umgekehrt: Loben müssen, wo keine Liebe ist – auch dies ist ein Leid. Wenn ein Volk ständig seine verhaßte Regierung loben muß, da gibt es nur einen kompensierenden Ausweg: der „braune" und der „rote Witz". Er nimmt das erzwungene Lob ein wenig wieder zurück ...

Ich muß also loben, weil es meiner Natur entspricht. Tue ich es nicht, dann werde ich krank,[41] weil ich, wie in den Dingen des körperlichen Gesundseins, meiner Natur nicht folge. Im äußersten zerfällt das Menschsein dort, wo die höchste Form des Lobens, das Gottes-Lob, gestorben ist. Wo die Welt nur noch konsumiert, aber nicht mehr vor ihrem Schöpfer ins preisende Wort gehoben wird, da entsteht der Unmensch. Aller „Personenkult" (nicht nur der stalinistische) wurzelt letztlich im Vergessen und Verschweigen Gottes, dem allein aller Preis gebührt.

Wo das Gotteslob verstummt – die Anerkennung, daß Er allein die Mitte ist –, da erhebt sich jenes Selbstlob der „Humanität", das schließlich allem Humanen die Grube gräbt (s. Röm 1,21-25!). Die Dinge verlieren ihren Ort, der Mensch verliert sein Menschsein, die Werte zerfallen. Im Loben Gottes dagegen behält der Mensch das Augenmaß für die Wirklichkeit, und es erlöst ihn auch aus jener Selbstbezogenheit und Selbstherrlichkeit, die die Ursache aller Zerstörung ist. „Die Toten preisen nicht mehr den Herrn ..." (Ps 115,17) – aus welchen Fugen muß eine Welt geraten, die von solchen Leichen regiert wird!

Lieben und Loben sind also etymologisch wie psychologisch eine Einheit. Soll dies auf der Ebene des Theologischen anders sein? Nein, denn wer in der Liebe Gottes steht und wächst, der wird auch im Lobpreis wachsen. Wo in einem politischen Nachtgebet etwa oder einer Bittandacht um Regen der Lobpreis fehlt, da realisiert sich nicht nur nicht Gebet, sondern es fehlt überhaupt das, was Religion ausmacht. Denn Religion ist weder Magie noch Bettelei, sondern Liebe. Immer muß als Reaktion auf die Aktion Gottes mein Loben hervorgehen, mag sie ausfallen, wie sie will. Das kann ja nicht anders sein, denn wer könnte schweigen angesichts der täglich erfahrenen Güte Gottes! Mögen wenigstens die Guten ihr „Danke" zum Himmel rufen, wenn schon die Bösen schweigen, wo doch über beiden Gottes Sonne scheint:

Höchster der Unsterblichen,
Viele Namen nennen Dich,
Ewig allmächtiger Zeus,
Dich, den Urquell allen Werdens,
Der nach ewigen Gesetzen
Herrschet im All, ich grüße Dich, Zeus.
Ja, ich darf's. Es ist der Mensch
Dir verwandt. Allein von allem,
Was da lebt und kriecht auf Erden,
Ist ein Abbild er des Alls:
Wir sind Deines Geschlechtes.
Und so will ich immerdar
Preisen Dich und Deine Macht.
Geber alles Guten, löse
Von des Irrtums Fluch die Menschen,
Daß wir die Wahrheit erkennen,

Deine Weisheit,
Vater, in der Du das All
Lenkest mit Gerechtigkeit.
Und gewürdigt solcher Ehre
Ehren wir dann Deine Würde,
Allzeit Deine Werke preisend,
Wie dem Sterblichen geziemt.
Denn die Götter und Menschen
Haben kein schöneres Vorrecht,
Als nach Würdigkeit immer
Lobzusingen dem einen
Alles umfassenden Weltgesetz. [42]

Leider zeigt die Religionsgeschichte aber auch, daß das Gotteslob nicht nur aus Liebe, sondern auch aus Berechnung zum Himmel emporsteigt. „Do, ut des", sagten die alten Römer, und selbst einige Psalmen erlauben sich Gott dergestalt ihre Bitten vorzutragen, daß sie ihm für den Fall der Erhörung höchst ungeniert einen Lobpreis in Aussicht stellen . . . (vgl. Ps 30 und 54).

Dieses „Ich gebe, damit du mir gibst" ist nichts anderes als der noch heute lebenskräftige Ausläufer jener mythischen Anschauung, nach der die Götter von den Gebeten und Gaben der Menschen leben und funktionsfähig bleiben. Ich singe dir Lob, nicht weil die Liebe mich dazu drängt, sondern weil du darauf angewiesen bist – und eben dies will ich mir zunutze machen. Dieses Denken hat die reine Flamme des Gotteslobes so sehr verunreinigt, daß auch bei Christen noch die Meinung grassiert, Gott habe die Kreatur letztlich doch um eines eigennützigen Zweckes willen erschaffen.

Als ich mich dem Gottesglauben zu nähern begann und auch noch geraume Zeit, nachdem er mir geschenkt worden, war mir die Forderung, welche von allen religiösen Leuten so lautstark erhoben wird, daß wir nämlich Gott „preisen" sollten, ein Stein des Anstoßes; und noch viel mehr der Hinweis, daß Gott Selbst es verlange. Wir alle verachten einen Menschen, der von uns dauernd seiner Tugendhaftigkeit, seiner Intelligenz oder seiner Liebenswürdigkeit versichert werden will; noch viel mehr verachten wir die Schar um jeden Diktator, jeden Millionär und jede Berühmtheit, die diesem Ansinnen entspricht. So drohte sich in mir ein ebenso lächerliches wie abstoßendes Bild von Gott und seinen Verehrern zu formen. (Lewis S. 122f.)

Nicht Gott ist es, der das Lob seiner Geschöpfe braucht (um womöglich der „liebe Gott" zu bleiben), sondern wir brauchen das Gotteslob. Wir brauchen es wie die Luft und das Wasser, wir brauchen es wie der Liebende das Wort und der Fröhliche den Gesang. Unser Dasein wird sinn-voll, wenn das unendliche Lob, das die Drei göttlichen Personen ineinanderbindet, auch unser Leben durchzieht: „Wir werden kommen und in ihm Wohnung nehmen", sagt Jesus (Joh 14,23). Dieses Wir-Sein Gottes ist Liebe-Sein und Lob-Sein in einem. Da der Logos (in dem die Liebe Wort ist) und der Hl. Geist (in dem das Wort Liebe ist) gleichewig sind mit dem Vater, so ist hier die letzte Begründung dafür zu finden, daß Lieben und Loben eins sind.

Wäre Gott nur die Einsheit einer Person, so könnte er nicht die Liebe sein, und so wäre jedes Gespräch, das er mit sich selbst führt, nichts als leeres Selbst-Lob. So aber ist das in Gottes Dreiheit ewig-fließende „Gloria" reinstes, von jedem Ego freies Lob, weil ganz im Du vollzogen. Hier meint keine Person mehr (im verschwiegensten Winkel des Herzens) sich selbst. Mag menschliches Loben es noch so ehrlich meinen („Wie schön bist du, meine Freundin . . .", Hld 1,15), das Ich mengt sich in alle seine Handlungen. In Gott aber gibt es keine Winkel.

Somit heißt „Gott loben": die in Ihm strömende Liebe aufnehmen und zum geschöpflich-preisenden Wort werden lassen. Heißt ferner: seine „kreative Wertschätzung“, die an mir und an aller Kreatur Gestalt wird, in der Weise des Wortes auf ihn zurückstrahlen. Gotteslob ist Gottesresonanz:

Er möchte sich wiedergewinnen
aus seinen Melodien.
Da komm ich zu seinen Knien:
und seine Lieder rinnen
rauschend zurück in ihn.
(R. M. Rilke, Das Stundenbuch)

Sprechen wir hier nun nicht vom Gottesdienst und vom „Geist der Liturgie“, der das Recht und die Vielfalt der spielenden Aussage besitzt wie jede Liebe.[43] Sieht man die Worte „Gottesdienst“ und „Minnedienst“ einmal zusammen, dann weiß man, was hier der „Dienst“ meint: fröhliche Liebe! Kein puritanischer „service“ (wie sich der Gottesdienst auf Englisch nennt), keine „Bedienung“ Gottes mit tristen Gesängen (um ihn so bei Laune zu halten). Sondern jenes Lächeln, das auch unter Tränen noch sagen kann: *„All mein' Gedanken, die ich hab, die sind bei dir* . . .“ Dies ist es, was den Chordienst der Mönche entstehen ließ: begeisterte Liebe, nicht die Sorge ums Seelenheil. „Allezeit schauen meine Augen den Herrn“ (Ps 25,15)!

Gewiß sind es die „weihevollen Stunden“, die zum Gotteslob bewegen, aber vergessen wir nicht die geringen Anlässe, die der Alltag uns bietet! Diese Licht-Blicke Gottes ins Grau der Stunden, die uns leise mahnen, einen Augen-Blick des preisenden Lobes auf ihn zu werfen:

Jetzt!
Jetzt darf und will ich Spiegel deines leuchtenden Blickes sein:
„Herr, ich preise deine gerechten Gerichte“
(Ps 119,62).

Ich preise dich um deiner Güte willen, die sich mir offenbart –
in diesem Augenblick! Jetzt, diese Freude!
Jetzt, dieser Schmerz! O, wie fehlt mir jetzt ...
Herr, ich danke dir. Doch ja, ich danke dir.
Du, Herr, du bist da. Es genügt.

Von solchem Gotteslob spricht auch der hl. Benedikt, und zwar weit öfters im Zusammenhang mit „Alltäglichkeiten" als im Blick auf den liturgischen Gottesdienst. Seine Aufforderungen, Gott in jeder Situation zu loben, mögen für den überraschend sein, dem der Alltag und seine Last nicht auch Gottesdienst ist.

Kommt etwa ein Gast oder ein Armer, so soll der Pförtner nicht etwa unwillig werden, sondern Gott dafür danken (66,3). In der Freude des hl. Geistes sollen in der Fastenzeit persönliche Verzichte dargebracht werden (49,6f.), und der Mangel dieser Zeit soll zum Ansporn werden „in der Freude geistlicher Sehnsucht" das Osterfest zu erwarten (49,6f.). Überhaupt: wenn einer mit weniger zufrieden ist, soll er sich nicht darüber aufhalten, daß andere mehr brauchen, sondern Gott dafür danken (34,3). In diesem Sinne soll auch eine Klostergemeinschaft, die in einer Gegend ohne Weinbau lebt, nicht neidisch auf weiter südlich gelegene Klöster schauen, sondern diesen Umstand in ein Gotteslob wandeln: „Wo aber die örtliche Lage es mit sich bringt, daß nicht das angegebene Maß, sondern viel weniger oder gar kein Wein aufgebracht werden kann, dann mögen jene, die dort wohnen, Gott preisen und nicht murren (40,20). [44]

Am erstaunlichsten aber ist die Tatsache, daß die benediktinische Devise „Damit in allem Gott verherrlicht werde" sich nicht in gottesdienstlichen Anweisungen findet, sondern bei Erwähnung der Art und Weise, wie Klosterprodukte verkauft werden sollen:

Bei der Bestimmung des Preises darf sich nicht das Laster der Habsucht einschleichen, sondern alles werde stets etwas billiger abgegeben, als es Weltleute tun können, damit in allem Gott verherrlicht werde. (57,8f.)

So bietet das ganze Leben immer wieder Anlässe, ein kleines Wort der Anbetung und Verherrlichung zu finden, was auch ein altgeübter Brauch im Islam und im Judentum ist. Der fromme Moslem sagt vom Aufstehen bis zum Niederlegen am Abend, bei Beginn und beim Ende aller möglichen Verrichtungen sein *al-hamdu li-llah* „Lobpreis sei Gott". Daneben hat er auch kleine Gebete zur Hand wie diese:[45]

Gepriesen sei Gott, der Herr der Welten. Er ist der Lebendige, es gibt keinen Gott außer ihm. Darum rufet ihn an in lauterem Glauben. Lob sei Gott, dem Herrn der Welten!
O Gott, die süßeste Gabe im Herzen ist die Hoffnung auf dich, die schönsten Worte auf meiner Zunge sind dein Lob, und die Zeiten, die ich am liebsten habe, sind die, da ich dich treffe!
Preis sei Gott, wenn es Abend wird, und Lob sei ihm im Himmel und auf Erden, am Abend wie zur Mittagszeit!
O Gott, dir sei Lob, wenn die Nacht dunkelt, und dir sei Lob, wenn der Tag funkelt. Dir sei Lob in jener Welt wie in dieser. So viel es Sterne gibt am Himmel, sei dir Lob . . .

Auch der fromme Jude besitzt eine Fülle kleiner Lobpreisgebete (die *berachot*), die seinem Leben eine stets neue Weihe geben:[46]

Darum sind wir verpflichtet, dich zu loben, zu preisen, zu rühmen, zu segnen und zu heiligen, Preis und Lob deinem Namen zu geben. Heil uns! Wie gut ist unser Teil, wie lieblich unser Los, wie schön unser Erbe! Daß wir früh und spät, am Morgen und Abend, an jedem Tag ständig in Liebe sprechen: Höre Israel, Er unser Gott, Er ist einer!
Lob nun, ja Lob sei dir, o Gott! Unser Gott und König des Alls du: Ja aus der Erde zieht er das Brot hervor.
Lob nun, ja Lob sei dir, o Gott! Unser Gott und König des Alls du: Ja er schuf die Frucht der Rebe.

So ist alles Gotteslob nichts als ein Widerschein seiner Liebe. Am reinsten „verkörpert" sich dies bei den Engeln, deren ganzes Sein von Gotteslob durchpulst ist. Ihr Sanctus (Jes 6,3) hat nichts Erzwungenes an sich; es ist glühende Antwort auf das, was sie schauen: und *sie schauen das Sanctus Gottes*. Ihr Lebensrhythmus ist: Gott einatmen (das ist ihr Lieben) und Gott ausatmen (das ist ihr Loben). Dieses „Ausatmen“ ist – nichts darüber und nichts darunter – ihr Gotteslied, eine volle Identität von Geschautem und Ausgesagtem. Darin besteht ihre ganze Seligkeit, und sie wird auch die unsere einmal sein dürfen, wenn wir uns ein Leben lang auf diesen unausschöpfbaren Augen-Blick des Ewigen eingeübt haben – in liebendem Empfangen und in lobendem Zurückströmen seiner Gnade.

Wäre es einer geschaffenen Seele möglich, den allerwürdigsten Gegenstand voll (ich meine bis zur Fülle des Maßes, das einem endlichen Wesen gegeben ist) „auszukosten“, das heißt, ihn zu lieben und zu genießen, und gleichzeitig in jedem Augenblick diesem Entzücken vollkommen Ausdruck zu geben, dann hätte diese Seele höchste Seligkeit erlangt. Solche Gedanken verhelfen mir am leichtesten zu einem Verständnis der christlichen Lehre, wonach der „Himmel“ ein Zustand ist, in dem jetzt die Engel und nachmals auch die Menschen unaufhörlich damit beschäftigt sind, Gott zu preisen. Um einzusehen, was die Lehre eigentlich besagt, müssen wir uns in einer vollkommenen Liebesbeziehung zu Gott vorstellen - trunken, eingetaucht und aufgelöst in einem Entzücken, welches, weit davon entfernt als unmitteilbares und daher fast unerträgliches Glück in uns verschlossen zu bleiben, vielmehr unaufhörlich in mühelosem und vollkommenem Ausdruck wieder von uns ausströmt, wobei unsere Freude und der Lobpreis, worin sie sich befreit und äußert, ebensowenig getrennt werden können wie der Glanz, der in einen Spiegel fällt, und der Glanz, den er verbreitet. (Lewis S. 130f.)

So leuchtet die österliche Kerze in unsere Nacht. Ihr dienendes Licht läßt sie kleiner werden, und doch strahlt sie mit unverminderter Kraft bis ans Ende. Der Mensch schaut sie und wächst an ihr, und in den Feuern singen bereits: die Engel der Zukunft.

DIE ELEMENTE

Wurzeln des Waldes
Und Erze des Goldes
Und alle Abgründe
Die sind dir, Herre, kund
Die stehn in deinen Händen
Alles himmlische Heer das könnt
dich nicht ausloben an ein Ende
(Spervogel, 12. Jh.)

Freude

Alles irdische und himmlische Lob hat seinen Ursprung in jenem Lied, das die dreieinige Gottheit sich schenkt, und jedes vom Menschen aufsteigende Loben ist nichts anderes als dessen geschöpfliches Echo. Alles echte, gotthingegebene Preisen entstammt seiner transzendent-seligen *Freude*, und, wie sie aus ihr geboren ist, so schafft sie bei ihrem Aufbranden im Menschen wiederum *Freude*. Wie Augustinus sagt am Ende eines mit Gotteserfahrungen reich gesegneten Lebens:

Du selber reizest uns an,
daß dich zu preisen Freude ist
(Bekenntnisse I,1)

Hier aber ist einem Mißverständnis zu wehren. Lob als Spiegel der Freude besagt nicht und nicht rundum, daß Gottespreis identisch ist mit Euphorie, mit naivem, himmlisch-verzückten „Frohlocken". Es hat nichts zu tun mit dem Privileg des sanguinischen Blutes oder mit jenem exaltierten Gefühl, das sich (in unserer nüchternen Welt und Kirche) offensichtlich nur noch in gewissen geistlichen Reservaten zu entwickeln vermag. Wahrer Lobpreis ist *Liebe und Anerkennung*, ganz gleich, was das Gefühl dazu

meint. Wahrer Lobpreis spricht: *Du bist mir lieb*
über allem (das ist die Form der Freude),
trotz allem (das ist die Form der Klage),
in allem (das ist die Form der Schau).

Aus diesen Elementen muß sich das Gotteslob aufbauen, soll es wach und gesund bleiben. Es ist die Synthese aus Freude, Klage und weiser Schau – und „diese drei sind eins“ (1 Joh 5,7), eins nämlich dort, wo alle Linien zusammenfließen. Wie bei Gott selbst, so muß auch beim Menschen das Lob jenes eine ganze Existenz umgreifende Wort sein: Du bist mir lieb – über, trotz und in allem!

Sein sind die Gipfel,
sein auch die Tiefen der Erde (Ps 95,4)

Wie das Gesangbuch „Gotteslob“ nicht nur fröhliche Lieder enthält, sondern auch den bitteren Kreuzweg des Herrn, und *trotzdem* „Gotteslob“ heißt, wie der hebräische Psalter weit mehr Klagelieder als Hymnen aufweist und trotzdem *sefer tehillim* (Buch der Preisungen) heißt – so muß der wahre Lobpreis ebenfalls eine *Synthese* sein. Eine alles umfassende Reflexion, in der Art, wie es der hl. Johannes Chrysostomus bei seinem Sterben aussprach, als er unter den brutalen Händen seiner Peiniger auf dem Weg in die Verbannung zusammenbrach: „Gott sei Lob und Dank für alles ...“ Für alles!

Drei Elemente also bauen den göttlichen Lobreis auf:
die Freude über erfahrenes Heil –
die Klage über unverstehbares Unheil –
die Schau, die beides in Gott zu begreifen sucht.

Und diese drei sind eins wie im auferstandenen Christus, dessen Passion am Ostermorgen sich ganz in Lobpreis wandelte. An jenem Morgen, an dem seine Wundmale gerade nicht ausgelöscht wurden, sondern zu leuchten begannen. Und dies als gültiges Vor-Bild jenes kommenden Ostermorgens, an dem die Wunden auch unseres Lebens als (vielleicht unser schönster) Lobpreis zu singen beginnen. Wer Christus verstanden hat, der singt nicht nur in entrückt-seliger Versponnenheit und nicht erst im alles klärenden Jenseits, sondern hier schon: in klarem und tapferem Wissen um den Sieg aller Passion. Wahres Christsein hält sein Singen und Preisen durch auch inmitten tödlicher Bedrohungen, wie das Beispiel einer mutigen Urkirche zeigt. Denn die Freude kommt aus den Tiefen dessen, der, weil „über allem" stehend, um den letzten, erlösenden Sinn allen Leidens weiß, und in dessen Allmacht eben auch dies ein Element des Lobpreises sein darf. *Die Freude des Lobens* ist die gottgewirkte Freude, jene größere Freude, die nicht (wie die „Fröhlichkeit") vom Momentanen abhängig ist.

Beim Propheten Habakuk findet sich ein Klagelied, das diese Freude aufzeigt. Es entstand in einer Zeit äußeren und innerer Ausweglosigkeiten. Das babylonische Reich bedrohte die Grenzen Israels, und eine Hungersnot drohte alles Leben zu vernichten. Dies beschreibt das Klagelied, an dessen Ende aber die gläubige Haltung durchbricht und über irdische Verzweiflung triumphiert:

Vernommen habe ich die Kunde. Mir zittert der Leib, meine Lippen erbeben, unter mir wankt mein Schritt. Doch ruhig harre ich des Tages der Drangsal, des Volkes, das uns angreift. Ja, auch die Feige trägt keine Frucht . . . , der Ölbaum bringt nichts mehr ein, das Feld liefert keine Nahrung. Aus den Hürden sind die Schafe fort, und in den Ställen gibt es kein Rind mehr. Und dennoch will ich mich freuen des Herrn, frohlocken in Gott, meinem Heiland. Der Gebieter und Herr ist meine Kraft . . . (Hab 3)

Dies ist weit mehr als der Galgenhumor der Kinder dieser Welt. In jedem Leben kommen Situationen, wo das Lachen vergeht, aber über all den Mittelchen, sich das Leben dennoch zu versüßen, gibt es eine Freude, die nicht aus dieser Welt stammt, nicht aus der „Kraft des Blutes“. Und gerade weil sie nicht von dieser Welt ist, kann sie von den Mächten des Irdischen auch nicht zerstört werden:

Wenn ihr mich lieben würdet, dann könntet ihr euch auch freuen. Meine Freude wird in euch sein _ und dann ist eure Freude vollendet. Diese Freude wird niemand von euch nehmen, denn seht: Ich habe die Welt überwunden. (Joh 15f.)

Das Äußerste und Schrecklichste auch, das die Welt uns antun kann, ist in Jesus überwunden. Es ist nur Durchgang. Das Bleibende allein ist die göttliche Freude.

Wie viele sagen doch: Wer läßt uns noch Gutes erfahren? Du, Herr, läßt dein Antlitz leuchten über uns. Du senkst mir eine größere Freude ins Herz, als andere haben bei Korn und Wein in Fülle. In Frieden lege ich mich nieder und schlafe. Denn du allein, Herr, läßt mich sorglos ruhen. (Ps 4)

Wenn wir auf die Dinge schauen, auf die Gegenwart, auf uns selbst – wie leicht schmilzt dann die Freude dahin. Wenn wir aber auf Christus schauen, wenn wir – in kleinen Lobpreisungen über den Tag hin – unsere Sorgen auf Ihn legen, dann kann die Freude nicht sterben. Wo Er ist, ist alle Freude beisammen:

Wende dein Gesicht zur Sonne -
und die Schatten fallen hinter dich.
(afrikanisches Sprichwort)

Hier behält auch dies seine Gültigkeit:

Was bist du betrübt, meine Seele? Was bist du so unruhig in mir? Hoffe auf Gott! Ich werde ihn wieder preisen! So singe ich ihm nachts und flehe zum Gott meines Lebens. (Ps 42,6)

Wie: Singen in der Nacht? Singen und flehen zugleich? Doch, es ist möglich. Wir können im Flehen schon singen, und im Singen noch flehen – weil Gott da ist, und weil seine Freude da ist. Ja, wir dürfen singen und Feste feiern, weil nicht die vordergründige „Wirklichkeit" das Eigentliche und Ausschlaggebende ist, sondern die unveränderliche Freude Gottes. Jene Freude, die anklopft in sanftem Werben und Einlaß begehrt, immer und überall.

So fordert der hl. Benedikt, ganz im Sinne dieses „immer und überall", daß die göttliche Freude gesungen wird. Nach Menschenmaß: wenigstens siebenmal des Tages. Der Lobpreis muß sein, und er läßt keine Rücksicht zu auf die momentane „Stimmung" dessen, der ihn vollzieht. Der für die Welt gefeierte Gottesdienst liegt auf den Mönchen wie ein militärischer Befehl[47], der einfach auszuführen ist, ohne daß ihn eine momentane Unlust „hinterfragen" darf. Warum? *Weil Gott ist,* und weil die Freude da ist. Und weil nur auf dem Wege des Lobpreises die „Wirklichkeit" erlöst werden kann.

Dies heißt aber für den Mönch, der so der Weltwirklichkeit dient: Abstand nehmen vom Ich und sich, in unkomplizierter Selbst-Verleugnung, einfügen lassen in den ewig-wahren Gesang. Hier und jetzt! Die Glocke ruft zum Chordienst, und der Lobpreis Gottes beginnt. Akkurat wie der Sonnenaufgang. Warum dies? Weil *beides* unsere Erde braucht, um Tag für Tag existieren zu können. Weil (und damit so) im Regelgang des Gotteslobes die Welt immer neu auf Gott hin zentriert wird – wie das Leben zur Sonne hin . . .

Denn aller Segen dieser Welt fließt aus dem Lobpreis, und aller Lobpreis aus dem Segen.[48] Benedicamus Domino!

Klage

Die flehende Klage gehört „elementar“ zum Gottespreis. Wenn wir Gott lobsingen, dann können und dürfen wir die dunklen Seiten unseres Daseins nicht ausklammern, weil solches Lob sonst nur Honigschleckerei wäre, billiges Trostmittel, das letztlich nicht „aus Gott geboren“ ist. Eine Welt vor Gott im Lobgebet hintragen heißt: in klarem Realismus alles einschließen, was auch seine Augen sehen und seine Hände tragen. Gläubige Klage heißt: das Unbegreifliche nicht *hinnehmen* (heroisch oder achselzuckend), sondern *hingeben.* Nur der wird seine Hände freibekommen zum Dienst am Menschen, der „seine Sorgen auf den Herrn wirft“ (Ps 55,23).

Ein Mensch, der sein Leben im Horizont solchen Gotteslobes begreift, wird sich nicht scheuen, auch das Dunkle ins Lied zu nehmen. Wer die Sterne sehen will, kann es nur in der Nacht, und so preist er *auch* die Nacht. Denn nur in ihr vermag er das Licht zu erfassen (für das er ohne Zweifel geschaffen ist) und in Lob umzusetzen:

Jeder Schmerz entläßt dich reicher,
Preise die geweihte Not . . .
(W. Bergengruen)

Er wird also der Klage nicht ausweichen. Er wird sie einfügen in sein Lob – und zwar jetzt schon, inmitten all dieser Undurchsichtigkeiten, nicht erst in der Ewigkeit, wo er die letzten Bezüge und Notwendigkeiten aller Not begreifen lernt.

Jetzt schon! Er wird die Klage so wenig aus seinem Preislied fortlassen, wie er die fröhliche Freude darin einläßt. „*Zu jeder Zeit* lobe Gott“, rät der kranke Vater seinem Sohn Tobias (Tob 4,19).

Zum realistischen und frommen (das ist dasselbe) Gotteslob gehören unabtrennbar Freude und Klage, weil es nicht nur den ganzen Menschen und seine Welt widerspiegelt, sondern auch einen Gott, in dessen Herzen die Freude wie die Klage ihre Heimat hat. Betrachten wir die Funktion der gottlobenden Klage im Leben des Menschen, dessen Sinn das Gott-Singen geworden ist, so erkennen wir drei Aspekte: Loben im Leid ist

– die intensivste Form der Reinigung,
– die reifste Form der Liebe,
– die tiefste Form des Lobes.

Wie das? Zunächst: Wer das Gotteslob im Schmerz nicht von sich wirft (was eine häufige, verständliche, aber ganz fruchtlose Form der Leidbegegnung darstellt), sondern es unbeirrt durchhält, der wird ein Land betreten und Königreiche entdecken, die den meisten Menschen verborgen sind. Hier trennt sich die Menschheit in zwei Lager: Da ist der Mensch, der am Leid zerbricht und verstummt, und der dann sein „Gottesbild“ von sich wirft:

Hiobs Weib aber sprach: Was hast du nun von deiner Frömmigkeit? Fluche Gott und stirb! Er aber sagte: Wie eine Törin redest du. Wenn wir schon das Gute aus Gottes Hand annehmen, warum sollen wir nicht auch das Üble annehmen von ihm? (Job 2,9f.)

Und da ist der andere Mensch, der am Leid wächst, und dessen Gottesbild sich derart reinigt und vertieft, daß Gott nunmehr wahrhaft Gott sein darf:

Der Herr hat gegeben. Der Herr hat genommen. Der Name des Herrn sei gepriesen! Und bei all dem sündigte Hiob nicht und äußerte nichts Törichtes gegen Gott. (Job 1,21f.)

Hier wird das Leid nicht nur ergeben *hingenommen*, sondern aktiv *angenommen*. Hiob verwandelt es in einen Hymnus: Daß all dies geschehen ist – „Der Name des Herrn sei gepriesen!" Der Name dessen, der gesagt hat: „Du sollst dir kein Gottesbild machen" (Ex 20,4). Und dies meint doch (auch): Du sollst ihn nicht „definieren", nicht in die Grenzen deiner Begriffe und Vorstellungen einfangen wollen.

Ich bin der Herr, dein Gott! Und was ich tue, ist preisenswert, wie auch immer. Menschenkind! Wenn du mich loben und preisen willst, dann lobe den, der über deinen Gedanken steht. Preise den, von dem du weißt, daß er nicht nur die Sterne gewogen hat, sondern auch das Maß deines Leides. Scheue dich nicht, mir auch um „Mitternacht" zu singen, wie es meine Apostel in Philippi taten (Apg 16,25f.). Scheue dich nicht, aus deinem Leid ein Preislied zu formen. Dann werden auch die Kerkermauern deines Schmerzes zerbrechen. So, und nur so!

Nichts reinigt die Seele so tiefgreifend wie das Leid, aber nur dort, wo sie in Lobpreis, d. h. in liebender Anerkennung, sich aussagt. Wo sie spricht:

Du, Großer, Unendlicher, Du allein bist der Letzte.
Dieses Leid ist unbegreiflich, dieses – von Dir?
Und dennoch: ein Vorletztes nur (wie alles Irdische).
Und dennoch will ich glauben und festhalten daran:
Vorletztes verletzt zwar, aber es tötet nicht.
Weil Du allein der Letzte und der Lebendige bist.

Das ist die einmalige, kathartische Bedeutung des klagenden Lobes, die so vielen unbekannt ist, daß sie bis ins Leibliche hinein erkranken an dem, was sie kränkt. Statt daß sie an den Schmerzen gesunden, die sie von ihrem „Ich" heilen wollen . . .

Macht euch um nichts Sorgen, sondern laßt eure Anliegen in all eurem Bitten und Flehen unter Danksagung kundwerden vor Gott! (Phil 4,6)

Solches Loben, das vorwegnehmender Dank ist, kommt gewiß nicht aus berechnender Vereinnahmung eines gütigen Gottes, sondern aus einem Wissen, das die letzten Dimensionen umfaßt. Dies erklärt auch den Tatbestand, daß die meisten Klagepsalmen auch das Element des Lobes enthalten. Die alttestamentliche Wissenschaft sieht darin einen „Stimmungsumschwung" des Beters[49], den ein tröstender Zuspruch seitens eines Jerusalemer Kultdieners auslöst. Keineswegs aber braucht es diese Hypothese, wenn man die tieferen Zusammenhänge des Klagelobes betrachtet, die im gläubigen Beter ebenso eins sind wie in Gott selbst: Jetzt schon ist Lob und Dank in der Klage möglich, weil der Herr in jedem Falle „mein Fels und mein Erlöser" ist (Ps 19,15). Der wahrhaft Glaubende bedarf nicht erst jener „Erhörungsgewißheit", die ihm ein Kultdiener (vielleicht) zu verleihen vermag.

Die lobende Klage kommt aber nicht nur aus erlöstem Glauben, sie besitzt auch selbst eine erlösende Wirkung. Sie befreit den Menschen aus seiner lähmenden Fixierung auf das Leid hin:[50]

„Schüttet vor ihm euer Herz aus . . ." (Ps 62,9). Schaue das Leid nicht nur an (um es zu „verarbeiten" . . .), halte ihm nicht nur stand, sondern wandle es in ein Lied. Gib deiner Klage eine Melodie, und du wirst sehen, wie von Strophe zu Strophe sich der Text ändert, und wie der Text dich verändert. Fasse deine Not ins Wort vor dem, der diese Not dir zugemessen und zugemutet hat, und du wirst sehen, wie dein Herz sich reinigt: von Haß und Verzweiflung, von Trauer und Aufruhr und aller falschen Theologie. Und du wirst wieder jung unter dem Segen des Ersten Gebotes.

So wird das Loben im Leid zur reifsten Form der Liebe. Denn hier erst wird es auf seine Echtheit hin geprüft, wenn es – vielleicht nur noch mit der letzten Faser des Herzens – sprechen kann:

Ich danke dir, Vater, daß du mich hinbeugst auf das vierfache Holz, an dem allein ich wachsen und reifen kann. Ich preise dich, weil ich hier erkenne, daß du noch etwas vorhast mit mir . . .
Du meißelst und hämmerst an mir. O, dieser Schmerz. Wie unüberhörbar sagt er mir, daß dich mein Leben noch kümmert. O, diese Last! Ich kann sie nicht preisen, aber dich will ich preisen. Dich, den ich durch das Medium des Schmerzes nun tiefer erkennen und reifer zu lieben lerne als je zuvor. Vater! Die Stunde ist da. Verherrliche dich an mir – durch diese Stunde. Ja. Amen.

Die Väter der Kirche dichteten Hymnen auf das Heilige Kreuz.[51] Dies aber nicht aus krankhafter „Leidensmystik", sondern aus dem Wissen, daß am Kreuz (und so auch „im Kreuz") eine Liebe möglich wurde und ein Lobgesang erstehen kann, um den die Cherubim und Seraphim den Menschen beneiden mögen . . . Die am Kreuz vollendete Menschwerdung des Wortes schuf ein Preislied, das die Äonen der Engel und menschliche Philosophie nicht ausdenken konnten. Denn Gott hat mit dem Leid einen Rest gelassen, der sich dem alles-verstehen-wollenden Verstand entziehen soll. Ein Rest, der als ureigene Domäne der Liebe zugleich auch *Chance* für die Liebe sein will: *Ort der Bewährung des Herzens.*

So wird im Klagelob das Gotteslob zur reinen, heiligen Flamme. Hier verfliegt aller Rauch der Selbstsucht, der stets im Weihrauch unserer Anbetung zu Gott mitemporsteigt. Denn hier geht die tiefste Form des Gotteslobes nicht mehr aus der Entdeckung hervor: Er hat meine Pläne und Gebete verwirklicht – mögen diese noch so fromm und selbstlos sein, sondern:

Er hat seine Pläne verwirklicht. Nun erfahre ich Ihn wahrhaft als den, der über meinen Gedanken thront. Und nun will ich, so weh es tut, Ihn wahrhaft Gott sein lassen.
Herr, ich ziehe dich nicht mehr mit meinem Lob herunter in meine Welt. Ich fange dich nicht mehr ein mit meinen Hymnen. Aber preisen will ich dich, und jetzt erst recht, da du mir in Wahrheit aufgehst. Jetzt, wo du mit deinen Schlägen mein Herrgott-Gebilde zerschlägst. Durch was für Kinderkrankheiten muß ich noch hindurch, bis ich endlich erwachsen bin in dir. Diese Schmerzen, und doch: Wie gesund sind sie in dir, dem treuen Erzieher (Hebr. 12,5-12)! Ich preise nicht den Schmerz, und dich auch nicht um des Schmerzes willen. Ich preise dich um der Gesundheit willen, die du - aus welchen Fernen - jetzt schon kommen siehst. „Ich bin dein Arzt, Israel" (Dt 32,39). Ich, und nicht deine Götzen!
Herr, ich will dich preisen. Heute scheint die Sonne, und ich bin guter Dinge. So will ich heute singen, denn ich weiß nicht, ob ich morgen noch singen kann. Nimm dann das Lied von heute. Du weißt meine Armut. Herr!

Schau

Am Ende seiner Betrachtungen über das Menschenleben und die ganze Natur schreibt der weise Sirach:

Noch einmal so viel wie dies - wir wären nicht am Ende. So sei der Schluß der Rede: Er ist alles. Wir können nur noch preisen, aber nicht ergründen, und größer noch als alle seine Werke ist Er! Die ihr dem Herrn lobsingt, erhebt die Stimme, so laut ihr könnt, denn nie wird es genügen. Ermüdet nicht, denn nie kommt ihr ans Ende. (Sir 43,27-30)

Ja, er ist alles. Und wie alles in ihm Wirklichkeit und Wirksamkeit besitzt, so ist eben auch dieses „Alles" Anlaß zum Gotteslob. Auch das Unverstehbare, das Noch-Nicht-Verstehbare, das vor uns steht, solange wir unterwegs zur letzten Sinnausfüllung sind. Vorerst können wir nicht ergründen, aber preisen – das können wir schon!

Das Gute und das Böse, Leben und Tod, Armut und Reichtum: alles kommt vom Herrn. (Sir 11,14)
Ich bin der Herr, und neben mir gibt es keinen Gott! Ich gürte dich, obwohl du nichts von mir weißt. Vom Sonnenaufgang bis zu ihrem Untergang soll man es erkennen: Niemand ist da als ich! Ich bin der Herr, und niemand sonst. Ich bilde das Licht und erschaffe das Dunkel. Ich wirke das Heil und schaffe das Unheil. Ich, der Herr, bin es. (Jes 45,5-7)

An diesen Sätzen ist kein Abstrich zu machen. Nur eine wehleidige Theologie wird zu der nichts-erklärenden „Zulassung" ihre Zuflucht nehmen. Gott ist die letzte Ursache von allem Sein, und so ruht auch das Kreuz in Gottes *gnädigem Willen:*

Ein anderer wird dich gürten und führen, wohin du nicht willst. (Joh 21,18)

Er weiß, warum er dies und jenes den Seinen zumutet, und Gott hat eben den Mut und die Weisheit, auch das vorderhand „Sinnlose" durchzuhalten, weil er jetzt schon dessen verborgenen Sinn weiß.[52] Glauben heißt: die Hand des Vaters ergreifen. Er kennt den Weg und das Ziel, und dies zu wissen genügt. So kann der Glaubende auch dann noch am Gotteslob festhalten, wenn die „Umstände" die weniger Starken verstummen lassen. Er wird mit dem alten Hiob sagen, der, auf dem Scherbenhaufen seines Lebens sitzend und zur Passion verurteilt, alles überschaute und überdachte:

Auch wenn Er mich umbringt, ich halte mich an Ihm fest! (Job 13,15)

Hier erreicht das Gotteslob seine Reife, wo es nicht in jenseitsflüchtiger Abstraktion, sondern inmitten der Realität geschöpflich-hinfälligen Seins vollzogen wird. Dem Konkreten standhalten, es mit wachen und ehrfürchtigen Sinnen erkennen und das so Geschaute in ein Gotteslied umwandeln: dies heißt wahrhaft Gott loben. Und diese so ins Wort genommene Realität braucht die wahre Aussage nicht zu scheuen, wie dies etwa in Ps 148 geschieht, wo nicht nur poetisch Sonne und Mond genannt werden, sondern auch die bisweilen so bösartigen „Erdenkönige", die hier dicht neben den Vögeln und Würmern stehen . . . Mögen Engel und Mystiker in selig-hingerissener Schau der göttlichen Wirklichkeit *ihr Lied* formulieren, das Gotteslob, das du und ich zu singen haben, trägt den Geruch der Erde.

Redliche sehen es und freuen sich,
doch die Bösen verschließen ihren Mund.
Wer ist weise und beachtet dies alles?
Wer begreift die Gnaden des Herrn? (Ps 107,42f.)

Darin vollendet sich die Weisheit der Weisen: das Geschaute wird zum Lobgesang. Sonst läuft sie Gefahr, den Menschen („der nunmehr *wie* Gott Gutes und Böses erkennt", Gen 3,22) aus dem Garten wahrer Humanität zu vertreiben und in die nackte Bestialität zur stürzen. Erleben wir es nicht immer bestürzender in diesem Jahrzehnt der Krisen, wie sich *„Erkenntnisse" ohne Reflex auf den Schöpfer* in immer verheerenderer Weise für Welt und Mensch auswirken?! Alles Forschen und Erkennen muß zum Lob werden, wenn es nicht zum Sprengstoff werden will.[53]

Die „Gnaden des Herrn" erspähen in allen Dingen, in Natur und Geschichte: dies ist die Weisheit der Wissenschaft, und solche Weisheit ist der Anfang des Lobes, das sich fortsetzt in die

Schau der Ewigkeit hinein. Der Psalm 104, der in seiner „ersten Fassung" auf den Pharao Echnaton zurückgeht, ist ein Beispiel solch lobenden Schauens. Er nennt zwar nicht die Not der Kreatur, die „Seufzer der Schöpfung" (Röm 8,22), die „Tränen der Dinge" (Vergil), wie sie der feinfühlige Mensch wahrnimmt[54], aber überall dort, wo er *trotzdem* gebetet wird, erlöst er diese Not *in vorwegnehmendem Lobpreis.* Denn die sichere Zukunft spricht in ihm, nicht ein antiker Schöpfungsoptimismus . . . Daher:

Singen will ich dem Herrn mein Leben lang,
will spielen meinem Gott, solange ich bin.
Möge mein Dichten ihm gefallen.
Ich aber will mich freuen im Herrn,
lobe den Herrn meine Seele! (Ps 104,33-35)

Dieses „Singen ein Leben lang" wandelt ins Lob Natur und Geschichte, und auch das eigene Leben. Jede „Biographie" wird zum Gotteslob dort, wo sie im Lichte Gottes gesehen und bejaht wird:

Jetzt möchte ich leben. Jetzt in dieser schweren und zugleich schönen Zeit. Sie und keine andere soll der Kontext meiner Lebensgeschichte sein. Schaue ich zurück in die Weiten der Evolution, die mich hervorgebracht und geformt haben, und schaue ich über die Jahrzehnte meines bisherigen „Daseins vor ihm", so kann ich nur loben und danken. Ich bin, was ich geworden bin. Ich bin mein Erbe von den tausend Ahnen. Ich bin meine Begegnungen und Widerfahrnisse. Ja, ich bin meine Geschichte! Alles in ihr sollte und soll mich prägen, um ein Gotteslob zu schaffen, das so und nur einmal so im Haus des Kosmos erklingen kann.

Daher steht auch über meinem Leben der 71. Psalm, der die hellen wie die dunklen Tage annimmt und sie *singend* vor Gott hinträgt:

Vom Mutterleib an stütze ich mich auf dich,
vom Mutterschoß an bist du mein Beschützer -
so gilt dir mein Lobpreis allezeit.
Ja, erfüllt ist mein Mund von deinem Lob,
von deinem Preis den ganzen Tag.

Großes hast du getan, Gott, wer ist wie du?
Viel Not und Angst hast du mich sehen lassen,
aber von neuem belebst du mich immer wieder
und führst mich heraus aus den Tiefen der Erde.

Mein Mund soll deine Gerechtigkeit künden,
täglich deine Hilfe, die ich nicht ermessen kann.
Ja, dir will ich danken mit Saitenspiel,
und jubeln soll meine Seele, die du erlöst hast!

Das schönste Lob, das ein Mensch im Blick auf sein Leben Gott schenken kann, ist das *Lob Seiner Heilsgeschichte*. Der Dank für alles, was Gott durch Jesus an uns getan hat: im ganz persönlich erfahrenen Heil wie im Heil der Völker. Nichts ist selbstverständlich. Alles ist Gnade! Wie oft bricht solcher Lobpreis in Paulus durch, und dies gerade auch dort, wo er in großen Trübsalen gefangen ist: 1 Tim 1,12-17. Für die Gnade des Christseins gibt es keine Grenze des Staunens und Preisens:

Welches Lob werden wir für ihn haben? Gelähmt war unser Verstand und unser Leben war nichts als ein Tod ... Gott selbst hat uns herausgeführt aus dem Dunkel der Leidenschaften und aus der Unkenntnis seines Wesens.[55]

So ist der Lobpreis meiner kleinen, individuellen „Heilsgeschichte" eingefügt in die große Geschichte des göttlichen Segens. Dies in feierndem Gedächtnis, in sakramental-realer „Vergegenwärtigung" immer wieder in die Gegenwart hereinzuholen, ist das Lobopfer der Kirche „bis er wiederkommt". *Eucharistia* heißt und ist Danksagung für all das, was unsere Welt von Gott her, und besonders im Christusgeheimnis, erfahren durfte. Und wie in allem echten Lob, so wird auch hier (entgegen menschlichem Denken) *ein Tod verkündet und eine Auferstehung gepriesen!*

So singt die Kirche, was sie glaubt, und ihr Glaube ist das, was sie singt. Wie die Ostkirche es formuliert: „*Dogma ist Doxa*" – das Lehrgut des Glaubens ist Lobpreis. Nicht eine Anzahl von Wahrheiten, die man eben auf sich nimmt, sondern: Verherrlichung des Vaters.[56] Hat man schon einmal gehört, daß jemand sein Lehrbuch singt? Das Credo aber wird gesungen! Und wir selbst dürfen zu denen gehören, von denen dies gesungene Dogma sagt:

Gepriesen sei der Vater unseres Herrn Jesus Christus, der uns gesegnet hat mit allem geistlichen Segen . . . Der uns vorherbestimmt hat in ihm zum Preis seiner herrlichen Gnade . . . Der die Fülle der Zeiten eintreten ließ, daß wir daseien zum Preis seiner Herrlichkeit . . . (vgl. Eph 1,3-14)

Wo Gott in der Schau auf die Gabe der Heilsgeschichte (inmitten einer vom Menschen geschaffenen Unheilsgeschichte) so gepriesen und angebetet wird, da vollzieht sich wahre Religion. Da erweist es sich, daß aller Gottesbezug, geläutert und gereinigt im Vorgang des Lobens, unendlich mehr ist als nur tröstendes Allheilmittel für die vielfachen Existenznöte, die auch eine Wohlstandsgesellschaft nicht aus der Welt zu schaffen imstande ist.

Hätten die Religionskritiker der letzten 200 Jahre auch nur einmal den Versuch gewagt, sich auf das Gotteslob einzulassen, wie es spontan im Menschenherzen erwachen will – jenes Lob, das eine Frucht der Liebe ist (und das eben auch nur dort wachsen kann, und nicht auf dem salzigen Boden der Kritiksucht), dann wüßten sie, was Religion im Echtesten ist: *ein Gotteslied,* das sinnstiftend alle Lebensvollzüge ergreifen will.

Die Religion ist der Seufzer der bedrängten Kreatur ... Sie ist das Opium des Volkes. (Karl Marx)[57]

Marx und seine Verehrer haben die wahre Religion nie kennengelernt. Sie wissen nicht, über was sie reden. Sie sehen nur, wie – Gott sei's geklagt – das Loben und Singen Gottes von den Mächtigen der Erde wie von den Schwachen im Glauben nur zu gerne als Opium *mißbraucht* wird. Als Zuckerwasser, wenn alle anderen Mittelchen versagen.

Aber: Religion ist weit mehr und weit anders. Religion ist der endlich gefundene Lebenssinn, ist *die zu sich gekommene Evolution.* Ist Freude vor Gott, Freude über allem in allem und trotz allem. Ist, in Überwindung aller Formen atheistischer Stummheit, das Hinfinden zum Wort lobender Liebe. Wer wahrhaft lebt, der lobt auch, und wer so lobt, der hat sein Leben gefunden.

Laßt uns loben, Brüder loben
Gott den Herrn, der uns erhoben
und so wunderbar erwählt;
der uns aus der Schuld befreite,
mit dem neuen Leben weihte,
uns zu seinen Söhnen zählt.

Der im Glauben uns begründet,
in der Liebe uns entzündet,
uns in Wahrheit neu gebar,
daß wir so in seinem Namen
und durch ihn zum Leben kamen,
unvergänglich, wunderbar.
(G. Thurmair)

Gotteslob ist weder Opium (Betäubungsmittel) noch Pensum (vom Schöpfer auferlegte „Pflicht"), sondern Zeichen und Symptom dafür, daß ein Mensch wirklich lebt. Es ist Existenztiefe, ist das Ja zu einem ganzen Lebensmaß, ist die Vollendung (und nicht, wie die

Marxisten behaupten, Entfremdung) aller menschlichen Vernunft. Keine Rede davon, daß Religion den Sinn des Lebens „in der Beziehung zu etwas außerhalb dieses Lebens Liegendem, etwas Geheimnisvollem, Übersinnlichem" suchen muß (nach Machovec S. 31). Daß sie es bisweilen tut, gereicht ihr selbst zum Schaden und entweiht den Namen Gottes bei den Atheisten. Der Sinn des Lebens erhebt sich aus den Phänomenen des Lebens selbst, aus der spontanen, von keiner Vernünftelei angekränkelten Vitalität des Herzens. Wer wirklich glaubt und liebt, der wird auch noch das gekreuzigte Leben loben, weil er um das „Ganze" weiß. Wo ein Dasein sich in solchem Loben (auch des noch Unverstehbaren) vollzieht, da kann es getrost auf alles „Geheimnisvolle" und „Übersinnliche" verzichten. Die Elemente des Gotteslobes sind so real wie das Leben selbst und haben nichts mit nebelhaften Hypothesen zu tun. „Das Reich Gottes ist in euch" (Luk 17,21).

Dies ist Religion, und dies ist das Eine und Verbindende zwischen den tausend Formen liebenden „Du-Sagens", wie sie die Religionsgeschichte kennt. Mögen die Gräben zwischen den Konfessionen und Weltanschauungen im theoretischen Bereich noch so unübersteigbar sein, wo immer ein Mensch angesichts eines sommerlichen Morgens zu dem Wort hingerissen wird: „Mein Gott, wie schön ist deine Welt . . ." – da wird und ist er in diesem Wort eins mit mir. Eins in jener größeren Ökumene, die wie ein Dach alle Unterschiede überdeckt (im gütigen Doppelsinn des Wortes). Die weiß, daß *in und jenseits* aller dogmatischen und kultischen Formeln das Herz aller Religion schlägt. Das Herz, das nichts anderes sein will und kann: in tausend Weisen teilhaben an der Herrlichkeit Gottes.

Teilhaben also an jener Aktivität, die in Ewigkeit nicht aufhört, sinnvoll zu sein. Wie die Liebe sich keine Grenzen setzen kann ohne ihr Wesen zu verlieren, so gibt es auch kein Ende dessen, was „Sinn“ heißt: das unbegrenzte „Ausloben“ (Spervogel) des Unendlichen. Die Antwort auf die Sinnfrage *muß ins Ewige reichen*[58], wenn wie wahr und tragend sein will. Oder sie ist ein Kind ihrer Zeit und sterblich wie sie.

Wenn jemand sich bemüht, Seinen Willen zu tun, dann wird er erkennen, ob die Lehre aus Gott ist (s. Joh 7,17). Erkennen, erfahren und wissen. Nicht nur annehmen und glauben!

So wirst du erfahren und wissen, daß dein Leben einen Sinn hat, und du wirst in der Ewigkeit, die eine allumfassende und allsinngebende Rückschau auf die „Zeit“ sein wird, wissen und es selig auskosten: Es hat sich gelohnt, ewig gelohnt, in frohen und schweren Stunden sich einzulassen auf den göttlichen Gesang. Denn in solchem Tun fließen die Teilsinne alles übrigen Tuns zusammen, und in ihm spürst du, wie deinem Leben Halt und Wert, Schönheit und Kraft verliehen wird.

Merke auf dein Herz, und du weißt, wo dein Schatz ist. Und höre auf das Wort, das am Ende über alle Weltgeschichte geschrieben wird. Lerne es jetzt schon, damit du es wie einen lieben Freund einmal begrüßen darfst. Es lautet:

ALLELUJA.

Herr, mein Leben ruft Dir zu:
Wie groß und wunderbar bist Du!

Dich sollen meine Sinne preisen,
Dich, um den die Sonnen kreisen!

Dich nennt mein Sehnen und mein Klagen,
Dich mein Gebet und mein Versagen.

Dich preisen meine Erdentage,
Dich meine Freude, meine Plage.

Dich lobt mein Tun, das Du getan,
Dich das Vergeben auf falscher Bahn.

Denn alles, was ich bin und habe,
Ist Gnade und Segen, ist Deine Gabe.

Du Quelle und Mündung aller Gesänge,
Du mein Erlöser aus irdischer Enge.

Du, aus dem wir sind und kamen,
Du, unser Sanctus, und Du, unser Amen.

Anmerkungen

1 V. E. Frankl, Das Leiden am sinnlosen Leben. Psychotherapie für heute (Freiburg 1977).

2 Vgl. H. Rolfes, Der Sinn des Lebens im marxistischen Denken (Düsseldorf 1971); M. Machovec, Vom Sinn des menschlichen Lebens (Freiburg 1964). Machovec ist marxistischer Philosoph in Prag.

3 Vgl. G. Moser, Wie finde ich zum Sinn des Lebens? (Freiburg 1978), S. 108f. Moser berichtet von einem Marxisten, dessen Theorie vom Sinn des Lebens in der Stunde des Todes ins Nichts zerrann: „Sterbend war einem vordem so Linientreuen aufgegangen, daß der Mensch nicht nur als Dünger der Geschichte . . . begriffen werden will. Keiner findet darin Trost, daß auf seinem Grab einmal Glücklichere tanzen."

4 Das reine „Füreinander-Dasein" hat logisch keinen letzten Sinn. Das Dasein der Einzelteile eines Autos bezweckt gewiß einen Dienst am Ganzen, aber auch dieses Ganze ist in sich nicht Selbstzweck. Es dient vielmehr einer Aufgabe, die jenseits des Technisch-Greifbaren liegt: dem Fahren, dem Befördern. Dieses „Fahren" ist der Sinn etwa einer Antriebswelle, auch wenn sie vorderhand „für" die Räder geschaffen zu sein scheint.

5 J. P. Sartre, L'Etre et le Néant (Paris 1943). Vgl. hierzu: J. B. Lotz, Wider den Un-Sinn. Zur Sinnkrise unseres Zeitalters (Frankfurt 1977), S. 15.

6 Zitiert bei Frankl S. 107. Er schreibt dazu: „Nun, ich persönlich glaube eher, daß man dann nur eines bewiesen hat, nämlich, daß man wirklich Mensch ist. Denn kein Tier hat jemals die Frage nach dem Sinn seines Daseins gestellt.

7 J. Hessen, Der Sinn des Lebens (Köln 1932); J. von Uexküll, Der Sinn des Lebens (Godesberg 1947); R. Lauth, Die Frage nach dem Sinn des Daseins (München 1953). Spärliche Saat bis 1953! Sodann: G. Scherer, Absurdes Dasein und Sinnerfahrung (Essen 1963); H. Gollwitzer, Krummes Holz – aufrechter Gang. Zur Frage nach dem Sinn des Lebens (München 1970); B. Grom-J. Schmidt, Auf der Suche nach dem Sinn des Lebens (Freiburg

1975); H. Krömler (Hrsg.), Horizonte des Lebens. Zur Frage nach dem Sinn des Lebens (Einsiedeln 1976); K.-H. Bloching, Texte über den Sinn des Lebens (Mainz 1977); A. Paus (Hrsg.), Suche nach Sinn – Suche nach Gott (Graz 1978); E. F. Schumacher, Rat für die Ratlosen. Vom sinnerfüllten Leben (Hamburg 1979).

8 Vgl. U. Hommes, Erinnerung an die Freude. Wegzeichen für die Suche nach Sinn (Freiburg 1978), bes. S. 114-127.

9 „Was taten wir, als wir diese Erde von ihrer Sonne losketteten? Wohin bewegt sie sich nun? Wohin bewegen wir uns? Fort von allen Sonnen? Stürzen wir nicht fortwährend? . . . Haucht uns nicht der leere Raum an? Ist es nicht kälter geworden? (F. Nietzsche, Die fröhliche Wissenschaft. 1882!)

10 Dies ist auch die Bedeutung der idg. Wortwurzel *sent*, aus der lat. sentire (fühlen, denken, sinnen) und germ. sinnan (denken an, streben, gehen, reisen) stammen. Das Kausativ zu sinnan ist „senden" (=auf die Reise schicken). Vgl. J. Pokorny, Indogermanisches etymologisches Wörterbuch (Bern, München 1959), Bd. 1, S. 908.

11 Zit. nach der Ausgabe Würzburg 1734, S. 26. Die 1. Aufl. ist: Dillingen 1558. Vgl. auch M. Luther, der im Spruchbuch zum Kleinen Katechismus schreibt: „Für all das bin ich schuldig, ihm zu danken und zu loben und dafür zu dienen und gehorsam zu sein. Das ist gewißlich wahr."

12 Katechismus der christkatholischen Religion (Carlsruhe und Freiburg 1842), S. 32. Hirscher war der Klassiker der deutschen Katechetik bis weit in unser Jahrhundert.

13 A. Camus, Der Mythos von Sisyphus, Einleitung.

14 Evangelischer Erwachsenenkatechismus (Gütersloh 1975). Vergebliche Mühe, die S. 144 und 502 zu lesen.

15 Glauben-Leben-Handeln. Arbeitsbuch zur Glaubensunterweisung. Hrsg. von den deutschen Bischöfen (Freiburg 1969). Keine genaue Antwort auf S. 9.

16 Neues Glaubensbuch. Der gemeinsame christliche Glaube. Hrsg. v. J. Feiner und L. Vischer (Freiburg 1973), S. 511.

17 Botschaft des Glaubens. Ein katholischer Katechismus, hrsg. v. A. Baur und W. Plöger (Donauwörth, Essen 1978) S. 33-35. Zum Sinn einer Sache gehört ein Verbum, wie zum Ziel ein Substantiv. Der Sinn einer Spülmaschine ist nicht das Geschirr, sondern das Spülen des Geschirrs.

18 „Der Begriff des Sinns involviert Objektivität jenseits allen Machens" (Th. W. Adorno, zit. bei Frankl S. 28). Vgl. auch W. Weier, Strukturen menschlicher Existenz (Paderborn 1977), S. 133-166.

19 In den letzten 15 Jahren sind wenig theologische Aufarbeitungen zur Frage „Evolution und Schöpfung" erschienen. Neben den Werken Teilhard de Chardins s.: H. E. Hengstenberg, Evolution und Schöpfung (München 1963), H. Volk, Schöpfungsglaube und Entwicklung (Münster 1958) und A. Ganoczy, Der schöpferische Mensch und die Schöpfung Gottes (Mainz 1976).

20 Selbst der vom Leben verwöhnte Goethe sagte von sich, daß die Negativposten des Daseins die Positivposten erheblich übersteigen. „Nur wenige Stunden" seien ihm die Summe eines echten Glücklichseins gewesen . . . Bestens illustriert diese Erkenntnis Schopenhauers Philosophie des Pessimismus.

21 Vgl. H. Mynarek, Der Mensch – Sinnziel der Weltenentwicklung. Entwurf eines christlichen Menschenbildes auf dem Hintergrund eines dynamisch-evolutionären Kosmos. (München, Paderborn 1967). Die Naturwissenschaft zeigt, nach Mynarek, daß die „Evolution nicht nur faktisch (oder zufällig), sondern planmäßig . . . im Menschen kulminiert" (S. 351 f.) Ferner: „Die Evolution bereitet das bio-psychische Substrat für das Wesen ‚Mensch', dessen höchste Realisation der Gottmensch bildet." (S. 352).

22 Vgl. H. Schmid, Lebensgeschichte eines Kohlenstoffatoms (Stuttgart 1946). Ferner: H. von Ditfurth, Der Geist fiel nicht vom Himmel (Hamburg 1976) und: Kinder des Weltalls. Der Roman unserer Existenz (Hamburg 1970).

23 Vgl. H. W. Woltersdorf, Die Schöpfung war ganz anders (Olten und Freiburg 1976), bes. S. 274f.

24 Bis ein exaktes Druckerzeugnis die Buchdruckmaschine verläßt, entsteht im „Vorlauf" manches, was dem scharfen Auge des Druckers mißfällt. Ist die Existenz dieser ungeeigneten Druckbogen indes „sinnlos"? Sit venia verbo!

25 Diese Sicht der Inkarnation findet sich erstmals bei Isaak von Ninive (7. Jh.), sodann bei Albertus Magnus, Duns Scotus und seiner Schule. Gegen die weiter verbreitete augustinisch-thomistische Auffassung (die Sünde als Anlaß der Menschwerdung) setzt sie sich heute immer mehr durch. Christus ist der Sinn der Geschichte, und er gehört untrennbar zu ihr – auch ohne eine felix culpa.

26 Dieses muslimische Gebet sowie das jüdische Kaddisch sind zitiert aus H. R. Schlette, Alter Gott höre (München 1961), S. 64 und 54.

27 Die ersten Automobile waren (nach heutigem Empfinden) nicht gerade „schön", aber sie entsprachen dem Zweck, den sie zu erfüllen hatten. Die heutigen konkurrieren in wertvollen Farben und Metallen, deren Mehrkosten man in Kauf nimmt, weil man den Besitz eines „auch schönen" Autos als sinnvoll ansieht.

28 So das Erste Vaticanum (1870); zit. nach Denz. 1805.

29 Zit. nach W. Beyerlin (Hrsg.), Religionsgeschichtliches Textbuch zum Alten Testament (Göttingen 1975), S. 110. Das Enuma elisch entstand im 12. Jh. v. Chr., gibt aber einen viel älteren und weit über den mesopotamischen Bereich hinausreichenden mythischen Gedanken wieder.

30 Zit. aus H. Greßmann, Altorientalische Texte zum Alten Testament (Tübingen 1926), S. 16f. Auch der Islam kennt diesen Gedanken: „Ich hörte die Stimme der Geschöpfe im Gotteslob . . . Ich hörte die Fische, wie sie sagten: Gepriesen sei der König, der Heilige, der Herr!" (A. Schimmel, Denn dein ist das Reich. Gebete aus dem Islam (Freiburg 1977), S. 28; vgl. auch S. 116).

31 Vgl. H. W. Wolff, Anthropologie des Alten Testamentes (München 1974), S. 321-330. Nach Wolff ist die atl. Bestimmung des Menschen: Leben in der Welt, Beherrschen der Schöpfung, Lieben des Mitmenschen, Loben Gottes.

32 So etwa in dem Lied „Nun, Brüder, sind wir frohgemut“: „Es lobt das Licht und das Gestein gar herrlich dich mit Schweigen . . .“ (2. Strophe).

33 Germ. liob („lieb“) führte zu althochdeutsch liubon (lieben), lobon (loben; daraus: geloben/verloben) und gilouben (glauben) sowie irlouben (erlauben). Parallel dazu entwickelte das alte Englisch leof (lieb) zu lufian/lufu (=love), lof (Lob, später durch praise verdrängt!), aliefan (=allow), geliefan (=believe). Im Altisländischen bedeutet lof: Lob und Erlaubnis, und im Niederländischen steht heute lof (Lob) neben prijzen (loben!). Vgl. Pokorny S. 683f.

34 Auch das Syrische zeigt diese Entwicklung: *hallel* hieß zunächst nur „rühmen“, nahm aber bald auch die Bedeutung „besingen“ und dann „singen“ an.

35 Bekannt ist dieses Wort aus *Halleluja* („Preiset den Herrn“). *Hallel* entwickelte sich zu *tehillah* (Lobpreis) und *tehillim* (Psalmen).

36 „Pris“ entstammt dem lat. pretium (Wert, Preis, Lohn). Aus dem spätlat. pretiare (abschätzen, wertschätzen) entwickelte sich das altfranz. preisier (das dt. Verb „preisen“ kommt jedoch vom dt. Wort „pris“!)

37 „Rühmen“ hatte im Mittelalter eine negative Bedeutung: „prahlerisch“ über etw. reden, sich mit etw. brüsten“, und der ruom (=lat. rumor) bestand eher in Prahlerei und Lobhudelei als in verdientem „Ruhm“.

38 C. S. Lewis, Das Gespräch mit Gott. Bemerkungen zu den Psalmen (Einsiedeln 1959), S. 127-129.

39 Zit. aus M. Carothers, Frei, um Gott zu loben (Schorndorf 1978), S. 7. Vgl. auch vom selben Verfasser: Lobpreis schafft Veränderungen (ebd. 1977).

40 Altes deutsches Volkslied, 1807 erstmals aufgezeichnet.

41 Vgl. den Bericht von G. Moser, Ich bin geborgen (Freiburg 1975), S. 33: Einen alten Mann quälte nach dem Tod seiner Frau am meisten, daß er ihr nicht mehr gesagt hatte, wie lieb sie ihm gewesen sei . . .

[42] Aus der Zeushymne des Kleanthes von Assos (331-233 v. Chr.). Die Heiden, sagt Paulus, erkennen zwar Gott in der Natur, aber es drängt sie nicht zur Anbetung hin (Röm 1,21). Welche „Heiden", so muß man sich angesichts dieses Hymnus fragen . . . !

[43] Vgl. R. Guardini, Vom Geiste der Liturgie (Freiburg 1922/1957).

[44] In diesem Zusammenhang findet sich das einzige Mal das Wort „benedicant Deum"!

[45] Schimmel S. 11, 14, 24, 25.

[46] R. R. Geis, Vom unbekannten Judentum (Freiburg 1961), S. 27 (Morgengebet), S. 66f. (Sabbatgebete über Brot und Wein).

[47] Mönchtum als „Militärdienst" klingt in der Regel St. Benedikts mehrmals auf: Prolog 9 und 97, Kap. 2,53; 58,22; 61,26. In 1,4 heißt es vom Mönch, er sei ein „*militans* unter Regel und Abt".

[48] So kann das Lateinische (benedicere) wie das Hebräische (barach) in *einem* Wort diesen doppelten Tatbestand ausdrücken!

[49] Vgl. H. Ringgren, Psalmen (Stuttgart 1971), S. 88. Diese Hypothese scheitert z. B. an Ps 31, der sich in einem steten Wechsel von Klage-, Lob- und Dankelementen vor Gott ausspricht.

[50] Hier ist zu lesen: 2 Chron 20,20-22! Daß Loben Gottes in sich schon rettende Kraft besitzt, zeigt auch Ps 18,4: „Ich rufe: Gepriesen sei der Herr! – und schon bin ich errettet vor meinen Feinden."

[51] Vgl. die Lieder im „Gotteslob" Nr. 182,3; 185, 12; 517,6.7.

[52] Die Welt leidet „Geburtswehen" (Röm 8,22) – sie ist erst im Entstehen begriffen. Wer will da über sie urteilen! Welcher Richter würde sein Urteil fällen noch mitten im „Prozeß"? Die Wehen sind nicht das Ganze. Halten wir zurück mit unserem Urteilen über Gottes gegenwärtige Ver-Fügungen. Denn, wer weiß! Wenn die Geburt vorbei ist, „freut sich die Mutter" (Joh 16,21).

[53] „Der Ruf, nicht zu vergessen (vgl. Ps 103,2) . . . wie sehr braucht ihn unsere Zeit, und wie wartet sie insgeheim auf ihn!" Das Loben Gottes „sollte uns

angesichts der Kräfte, die der Menschengeist zu entbinden und zu beherrschen gelernt hat, und angesichts der . . . technischen Verheißungen und Bedrohungen lauter, deutlicher, lebendiger ansprechen als irgendeine Generation vorher." (C. Westermann, Der Psalter (Stuttgart 1959), S. 7

54 So etwa bei R. Schneider, Winter in Wien (Freiburg 1963).

55 So formulierte Papst Clemens (um 95) das Wunder des Christseins (2 Clem 1,5).

56 Vgl. hierzu Phil 2,11: „Jede Zunge bekenne: ‚Jesus Christus ist der Herr' zur Ehre Gottes des Vaters", d. h.: Wo Jesus als Kyrios bekannt wird, da geschieht Verherrlichung des Vaters.

57 K. Marx – F. Engels: Historisch-kritische Gesamtausgabe (Frankfurt 1927) I, 1, 1, S. 607 f.

58 „Nur dann hat das Leben einen Sinn, wenn dieser über den Tod hinaus gilt." (Moser, Wie finde ich zum Sinn, S. 127)

MÜNSTERSCHWARZACHER KLEINSCHRIFTEN

Schriften zum geistlichen Leben

ISSN 0171-6360

herausgegeben von Mönchen der Abtei Münsterschwarzach

Anselm Grün OSB

1 **Gebet und Selbsterkenntnis**

ISBN 3-87868-105-4 (1979) 56 S. DM 4,80

Basilius Doppelfeld OSB

2 **Der Weg zu seinem Zelt**

Der Prolog der Regula Benedicti als Grundlage geistlicher Übungen

ISBN 3-87868-106-2 (1979) 64 S. DM 5,40

Fidelis Ruppert OSB / Anselm Grün OSB

3 **Christus im Bruder**

nach der Regel Sankt Benedikts

ISBN 3-87868-109-7 (1979) 56 S. DM 4,80

Pirmin Hugger OSB

4 **Meine Seele, preise den Herrn**

Gotteslob als Lebenssinn

ISBN 3-87868-107-0 (1979) 86 S. DM 7,40

André Louf OCSO

5 **Demut und Gehorsam**

bei der Einführung ins Mönchsleben

ISBN 3-87868-113-5 (1979) 56 S. DM 4,80

Anselm Grün OSB

6 **Der Umgang mit dem Bösen**

Der Dämonenkampf im alten Mönchtum

ISBN 3-87868-123-2 (i. V. / 1979)

Anselm Grün OSB

7 **Benedikt von Nursia – Seine Botschaft heute**

ISBN 3-87868-124-0 (1979) 60 S. DM 5,20

Pirmin Hugger OSB

Ein Psalmenlied dem Herrn

Teil 1: Möglichkeiten des heutigen Psalmengebets

ISBN 3-87868-110-0 (1980)

Pirmin Hugger OSB

Ein Psalmenlied dem Herrn

Teil 2: Impulse zum christlichen Psalmengebet
Psalm 1 – 76
ISBN 3-87868-111-9 (1980)

Pirmin Hugger OSB

Ein Psalmenlied dem Herrn

Teil 3: Impulse zum christlichen Psalmengebet
Psalm 77 – 150
ISBN 3-87868-112-7 (1980)

Edgar Friedmann OSB

Mönche mitten in der Welt

Vom Weltverhältnis der Mönche
ISBN 3-87868-108-9 (1980)

Weitere Veröffentlichungen in dieser Reihe folgen

VIER-TÜRME-VERLAG

D-8711 Münsterschwarzach Abtei (09324) 20-292